兩岸慈航

——一位肉身成就者的人間傳奇

本性禪師 著

目錄

我的僧涯，該留下點什麼？〈代序〉

《佛說四十二章經》的第一章有語：「辭親出家，識心達本，解無為法，名曰沙門。」明朝憨山大師在《夢遊集》中，引用了該語，直指做為出家沙門，離欲為第一行。認為，如心醉五欲，便無法出離。那樣，便是外欺其人，內欺其心。這教示很震撼我。

比丘本性，一九六五年出生，一九八五年剃度。由於根機淺薄，悲智難運，福德難俱，一直在學修的路上，進退失據。由於常駐過一些叢林、院校，有些同參與同學，知道他們學修日進，左右逢源，我是相當的羨慕，同時，也非常的汗顏。為此，我每天於晨起立願，發下當天與未來之誓，自我加持，祈諸佛菩薩加被；更於入睡前省思，反省、自省、慚愧、懺悔當天與過往的過錯。

本人恩師明暘長老，生前對本人有兩大期許，一是期望本人做個悲天憫人的僧人，二是期望本人做個解行並進的僧人。一直以來，比丘本性以此做為僧涯座右銘。

諸法因緣生，諸法因緣滅，我師大沙門，常作如是說。本性自知，於大千世界，萬象人間，自己只是一隻螞蟻，或一隻蜜蜂，或一隻飛蛾。緣木過河，向花而去，甚至赴火。生命瞬息，而且渺小。只是，我也很欣慰，乃至很知足。畢竟，如蟻，努力著，冒險著；如蜂，追求著，夢想著；如蛾，奉獻著，犧牲著。

佛陀說，如是因生如是果。無論聖賢還是愚夫，走過就有足跡，做過就有痕跡。平凡如我，我的僧涯該留下點什麼？我是一個僧人，我是一介書生，依著我的本業，我的本份，我想著，我或許還可以留下一些文字，記錄這個時代的僧人，記敘這個時代的自己。

比如，我自己，我的出家，我為沙門，我為了什麼？想做些什麼？自己總結一下，就是：倡導心靈非暴力；致力以佛心導正人心，回歸信仰，以佛道輔正世道，重建道德；弘揚慈悲、智慧、忍讓、包容、自省、懺悔、中道、圓融、和合、共生；專注心靈修證、心靈文化、心靈教育、心靈慈善；宗於中華禪；踐行南北傳佛教交融，東西方文明對話；促進重返佛教軸心時代，再現佛陀榮耀時光；推動全球倫理構建；實現苦難的拯救，煩惱的解脫。

為此，剃度以來，教務之餘，延續出家前的愛好與習慣，喜歡讀些書與寫些文章。雖然，這些拙作的思想與水平，連我自己都不敢恭維。可是，因緣所在，性情所致，所以，也就有慚有愧，卻無怨無悔，陸陸續續，將之輯錄於此，做為本人感恩、敬畏、自省、結緣之人生的一個部分，不求與舍利同輝，不惜與書本同塵。

比丘本性
序於福州芝山開元寺靈山堂

上篇

01

謝冰瑩夜訪靜修院

汐止舊名為「水返腳」，據說因此地在滿潮時海水溯淡水河進入基隆河而返故名，一九二〇年改稱「汐止」，現為臺灣新北市汐止區。

秀峰山位於汐止附近。秀峰山開始並不叫「秀峰」，此名與一位閩北高僧來臺有關。

秀峰山腳下有一寺院，名曰「靜修禪院」，創建於一九一一年，第一任住持為善榮法師，現任住持為達心法師。

汐止靜修院佛七法會圓滿紀念
汐止靜修院佛七圓滿紀念（民國40.2.19.）（會性法師提供）

▲汐止靜修院佛七圓滿紀念

靜修禪院的建築別有風味：寺前有兩個山門，一左一右；門前各有一對石獅子，且獅子高大威猛，甚為鮮見。禪院現在是女眾道場，香火興旺，成為當地有名的佛教勝地。

一九四九年，靜修禪院裡請來了一位講經的法師。

這位法師形態微胖，典型的彌勒肚裡包容著一團和氣。他被秀峰山的景致深深吸引，因為他的影響力，當地的佛教信眾特意集資在此山的山腰上建立了彌勒內院，迎請法師長期駐錫弘法。法師為此山取名「秀峰」，並在寺院後的山坡上選址建立秀峰寶塔，題下了「秀合千山潤，峰回一塔尊」的詞句。

一天，夜色深沉，靜修禪院的僧尼們早已入睡了，周邊的村鎮裡也只剩零星的幾聲狗吠，偶爾還有山風吹過草木的沙沙聲響。

佛前的長明燈依舊亮著，幾縷頑皮的山風穿過佛堂的縫隙透進來，吹動得燈影娑婆，更顯出幾分蕭瑟的靜謐。

忽然，一陣急促的敲門聲響起，立刻引起了警覺的雞犬呼應，音響一波一波地傳向遠方。

「是誰啊？」達心法師靠近院門，首先起來回應。回應的聲音顯出她保持高度的警惕。

「我們是強盜。」聽到達心法師那種聲調，一個女子俏皮地說。

這聲音達心法師很熟悉，而且強盜一般不會是這麼溫柔的女聲，她趕緊下樓開了院門。

「是你啊，呂居士，這麼晚有什麼急事？」

一見是故人，達心法師反倒擔心起來了，生怕有什麼不好的消息。

「師父別擔心。」呂居士看到達心法師的表情，立即明白自己深夜來訪，不免讓人覺得有些憂心，連忙介紹身邊的一位女士說，「我是特意帶這位教授來的，她發誓今天一定要到靜修院，所以我只能深夜叨擾您老休息啦。」

達心法師這才發現呂居士身邊其實還有一位女居士，遂對著她上下打量一番，只見她衣著樸素，但神態剛毅自若，手上還提著一袋行李。

女居士也仔細看著她，並不言語。

因為是初次見面，達心法師的舉止言談不免要鄭重一些，對著她合十說：「女居士深夜來此不知何事？」

那位女居士卻毫不客氣地說：「法師，從今晚開始，我想在靜修院借住一段時間！」

聽這話語，她是今晚非住進來不可了。

呂居士見達心法師一臉詫異，急忙把她拉到一旁說：「這是謝冰瑩女士啦，大作家、大教授，性如法師介紹來親近慈航老法師的。」

原來這位大作家名叫謝冰瑩，原名謝鳴崗，進入軍校之後方才改名謝冰瑩，她可是中國現代史上鼎鼎有名的傳奇女子，被譽為新文學史上「女兵文學的老祖母」。她從小反叛封建家庭，因逃婚離家而奔向革命；她巾幗不讓鬚眉，毅然參軍入伍，參加過北伐，曾跟隨葉挺將軍西征，還坐過日本人的牢獄；同時，她又是一個細膩而善於激蕩時代風潮的女性作家，作為中國現代報告文學和紀實文學的開拓者，出版過《從軍日記》和《一個女兵自傳》等佳作，為民眾所熟知。

這位女中英傑曾寫下「而今只以我活躍的生命，貢獻給，偉大的革命之神」的豪言壯語。此後，她與黃炎培、柳亞子等現代史上的著名人物相交甚契，柳亞子在《壽冰瑩・浪淘沙》詞中稱其：「絕技擅紅妝，短筆長槍，文儒武俠一身當。」黃炎培則曾賦詩二首贈予謝冰瑩，其中一首詩贊其：「投筆班生已自豪，如君不櫛亦戎刀。文章覆瓿誰論價？獨讓《從軍日記》高。」

謝冰瑩於一九四八年十月二十六日偕家人乘坐輪船抵達基隆港，開始任教於臺灣師範學院，教授國文、文學批評與寫作等課程。

達心法師對於謝冰瑩當然不瞭解，但只要說是來親近慈航禪師就感到十分高興。達心法師熱情地邀請謝冰瑩到寮房，給她安排好了床位，並告訴她寮房周邊的具體設施以及要注意的相關事項。

就這樣，謝冰瑩住進了靜修禪院，繼續她的文學創作。

02

《紅豆》結緣

臺灣師範學院的教學樓裡，下課鈴聲清脆地響起，寧靜的校園馬上熱鬧了起來。教室內，一位女教授放下了講義，面對大家端莊地說了聲：「諸位再見！」當她收拾好講義，端起茶杯，正準備離開講臺時，卻又有一群好學的學生圍了上來。

一位女學生首先開了口，她的臉上洋溢著崇拜之情：「老師，我是來旁聽您的『新文藝習作』課程，感覺真的很不錯！」

原來，剛才她和一些同學都是在教室內站著旁聽的。

窗外人群漸漸多了起來，嘈雜聲如潮水般湧了進來，使得談話聲似有似無，但他們依然熱情地圍繞著這位衣著素樸的女教授，不忍離去。

這位女教授就是謝冰瑩，任教於臺灣師範學院，主講新文藝課程。

因為在日本殖民統治下長達五十年，很多臺灣人除了日語和閩南語之外，基本上聽不懂國語，而一班學院人士對於白話文文學又抱著輕蔑和嘲諷的態度，他們對謝冰瑩在大學裡開設的「新文藝習作」課程進行公開的責難，說：「白話文還用得教？真是太可笑了！難道『你的』『我的』『的』『了』『呢』，『大狗叫』『小狗跳』還不知道怎寫？」不過，謝冰瑩不為這些人所干擾，她的新文藝課程受到了學生們的熱烈歡迎，當時不但她所教授的班級全選修了該課程，很多其他班級的學生也前來旁聽。

▲謝冰瑩居士在臺灣留影

圍著謝冰瑩的還有一位衣裝外貌明顯與眾不同的人物，他就是出家人性如法師。

「和尚也來學寫小說嗎？太奇怪了！」有人這麼問。

謝冰瑩回答說：「為什麼他不能學著寫小說呢？多少佛經上的材料，可以改寫為故事、小說、戲劇的。據我所知，所有宗教裡面，佛經是最深奧的哲學，有人窮畢生之力去研究它，也不能有多少成績。」

聽到謝教授如此地讚揚佛教，性如法師真是高興極了！待大家離去之後，性如法師特意請求與謝冰瑩同行，他還有很多話要和謝教授交流。

他說：「謝老師，汐止的彌勒內院，有一位高僧慈航禪師，您見過嗎？」

「沒有，只是在報上看過他的名字，想必你一定認識他。」

「我是他的學生。他老人家是一個道德高尚、學問淵博、待人和藹、誠懇的大好人，您不可不認識。」

實際上，這位性如法師是大陸來臺的學僧。

一九四九年，很多佛學院的辦學受到影響，部分學僧彷徨無措，不知何去何從，加之囊中羞澀，個個焦急得如熱鍋上的螞蟻。

這時，性如所就讀的佛學院收到了臺灣慈航禪師寄來的掛號信，信中說：「諸位同學們的來信，我都收到了，只可惜遠隔重洋，我不能把你們每一位同學都接到臺灣來，現在我希望各位同學自己設法來，一切住處飲食，我都可以保障。」

學僧們收到慈航禪師的信件都興奮不已。

性如歷盡艱辛來到了臺灣，在戒兄的指引下見到了慈航禪師，並留在彌勒內院跟隨法師修學。一九五二年秋天他就開始來師範學院聽謝冰瑩的課程，整整一年，風雨無阻。

「我想一定會有緣認識他的。可是我太忙，不知道要什麼時候，才能抽出工夫來。」謝冰瑩心裡有一些拒絕的意思，但性如法師依舊熱心地邀請，他說：「從臺北火車站，搭往基隆的車，到汐止站下來，只要二十多分鐘，再步行十分鐘左右就到了；最好上午十點左右去，在山上吃了午飯就回來，只要耽誤半天就可以了。」

「好，下次去時，我通知你，請你做嚮導。」

「還有」，性如法師接著說，「彌勒內院的下面，有一個靜修院，那是比丘尼修行的地方，環境幽靜極了，真是個寫文章的好地方，您在寒假、暑假中間，可以住到那裡去寫作，包您會滿意的。靜修院的當家師達心法師和一位呂太太是幾十年的老朋友，您如果去住，只要呂太太介紹一下就可以了。」

「有什麼手續嗎？」

「沒有什麼手續，不過要在那裡和她們一塊兒吃素，您住多少天，隨您的意，走的時候，給一點香火錢就可以了。」

這次與性如法師的交談，使得謝冰瑩心中牢牢記住了兩件大事：第一是要拜訪慈航禪師，第二是要去靜修院寫文章！

也正是有了性如法師的因緣，謝冰瑩才與佛教有了較多的接觸，但此時的她，確實是一位佛教的門外漢，對於佛教經典一知半解，於佛教可謂是敬仰有餘而親近不足。

一直到了一九五三年，因為受到小說家傅紅蓼的請求在其創辦的中學生刊物《讀書》半月刊上連載長篇小說，於是她開始進行長篇小說《紅豆》的寫作。

《紅豆》的寫作是有感於當時臺灣特殊的社會環境，她希望透過小說強調戀愛是神聖的，絕對沒有階級、貧富的限制；同時要使本省人和外省人的感情融洽、打成一片。但這部小說的寫作可謂歷經波折，謝冰瑩這位大才女也遭遇了文思枯竭、一個字也寫不出的窘境。

因為文章寫不出，傅先生又頻頻來信催促，謝冰瑩著急地在房子裡打轉，自言自語地說道：「有鬼！這一定有鬼！為什麼寫不下去呢？是孩子們太吵嗎？他們都上課去了，為什麼不能寫呢？過去許多文章，不也是在這種環境裡寫成的嗎？」

忽然，她得到一個啟示：要向觀世音菩薩求救了。

慢慢地，她安定下自己的身心，兩手合十，閉上眼睛，喃喃地祈求：「大慈大悲救苦救難的觀世音菩薩呵！媽媽說您是萬能的、有求必應的，請您賜給我靈感，賜給我智慧，讓我把《紅豆》寫完吧，我會永遠感激您，信仰您！」

謝冰瑩的母親劉喜貴，是一位堅強、勤勞而樂於助人的女人，也是一位典型的傳統禮教教育下的婦人。她出生於湖南安化縣羅家灣，早年就承擔起家庭的重任，讀過《女兒經》、《烈女傳》等女學讀物，能略微識字。據說因為慷慨好施，且喜歡打抱不平，她在村中深受信任，有著很好的聲譽與威望。大概是因為母親在遭遇艱難之時時常念誦「觀世音菩薩」名號，給幼小的謝冰瑩留下了深刻的印象，以至於她在遭遇困難之際也自然想起這種方法。

祈求完畢，一個念頭掠過她的腦海：到靜修院去寫，一定能夠一氣呵成。於是立刻整理簡單行裝去中山北路找呂太太，這時已經是晚上八點多了。

到了呂太太家，只有一位小姑娘接待。呂太太已經外出去基隆了，要很晚才能回來。見到呂太太的書房裡供著觀世音菩薩像，謝冰瑩的雙腿很自然地下跪，然後竟不顧自己是在別人的家中，從小箱子裡取出稿紙，在客廳裡俯身就著矮桌上寫書了。說也奇怪，這一寫就是兩千多字，文思如泉湧源源而來……

門鈴響了，進來的是性如法師。小姑娘已告知他謝冰瑩到訪因此特意趕來了。性如法師進來不久，呂太太也回來了，她一見陌生的謝冰瑩大為驚訝：「這麼晚了，您來有什麼貴事嗎？」

「請您陪我去靜修院。」

「太晚了，她們恐怕早睡了。」

「沒有關係，我們可以叫開門。」

「為什麼非在今晚去不可？」

於是謝冰瑩把在家寫不出文章、許了願之後就寫出來的事，一五一十地告訴她，並說已下了決心，今晚非去不可。

「這麼晚了，又是下雨，那條小路，恐怕不好走。」呂太太面有難色地說。

「不要說下雨，即使下雪、下刀，我也要去！」

呂太太聽到這裡，便不再阻止，馬上動身。

性如法師自告奮勇地送她們到靜修院的門口，就獨自一人上山了。

說也奇怪，原本「江郎才盡」的謝冰瑩一到靜修禪院就變得文思泉湧，很快就完成了《紅豆》的創作，她不由得對菩薩的感應充滿敬信！

03

關房初訪

有一天，達心法師對謝冰瑩說：「謝先生，你整天寫文章，太累了！為什麼不多休息休息呢？上山去看看慈航老法師吧，你一定很崇拜他的。」

「現在，我的腦子裡不乾淨，都是些小說裡面的人物在活動，我要等小說寫完，六根清淨了，再去看老法師。」謝冰瑩婉拒了。

其實，謝冰瑩的心裡也不時在想：這位倍受性如法師、達心法師崇拜的慈航禪師到底是什麼人呢？

《紅豆》完全修改了一遍後，謝冰瑩就懷著朝聖一般的心情，帶了女兒莉莉前去彌勒內院拜訪慈航老法師。

這次在彌勒內院接待謝冰瑩的也是由大陸來臺投奔慈航禪師的青年學僧自立法師。

自立法師，來自江蘇泰縣，曾就讀於設立在泰縣城中光孝寺香雨樓的光孝佛學研究社。

▲閉關中的慈航菩薩

他從佛學研究社一位名為廣淨的法師手中得以讀到《慈航法師演講集》，被慈航禪師大眾化的弘法風格所折服。一九四八年春，他逃離故鄉入杭州佛學院就讀，遂以「自立」為化名給遠在南洋的慈航禪師去信，慈航禪師回信並附信寄來五十元，這讓自立法師深受感動和鼓舞，從此正式改名為自立。一九四九年在徵得慈航禪師同意後，自立與幻生、唯慈等法師一同入臺親近慈航禪師。

見到自立法師，謝冰瑩不免先客套一番，詢問性如法師以及彌勒內院的一些情況。

自立法師告知慈航禪師正在閉關。尚未深入接觸佛教的謝冰瑩對閉關雖有所耳聞，但這次還是第一次這麼切身地看到，她問：「閉關是怎麼回事呢？」

自立法師說：「閉關修行是我們中國佛教傳統中備受推崇的一種方式，它可以讓修行人暫時擺脫團體生活中的各種不便，在關房內透過自行修持、閱藏等提升自身各方面的水準。」

這位自立法師果然是讀過佛學院的，回答得一絲不苟。

自立法師接著說：「一般來說，閉關者在進入關房時要舉行閉關儀式，而且在關房內也需要安排相應的功課。」

實際上，閉關是僧人的大事，不僅要求閉關者有頑強的毅力，也需要有一定的修學基礎。蓮池大師《竹窗三筆・年少閉關》告誡說：

閉關之說，古未有也，後世乃有之，所以養道，非所以造道也。且夫已發菩提大心者，猶尚航海梯山，冒風霜於百郡。不契隨他一語者，方且挑包頂笠，蹈雲水於千山。八旬行腳，老更驅馳；九上三登，不厭勤苦。爾何人斯，安坐一室，人來參我，我弗求人耶？昔高峰坐死關於張公洞，依岩架屋，懸處虛空，如鳥在巢，人罕覯之者。然大悟以後事耳！如其圖安逸而緘封自便，則斷乎不可。」

謝冰瑩對此極有興趣，仔細地傾聽自立法師的介紹，她問道：「閉關得大半年不出門，那不是特別的辛苦？我曾經聽說弘一大師閉關著述，那可真是了不得啊！

自立法師自豪地說：「辛苦是當然的啦！我每次提水送飯給老人時，從窗子向關房裡看，沒有一次不見老人在那眼不離書、手不停筆的埋頭苦幹。我們老法師一生曾三次閉關呢。」

謝冰瑩問：「那這次是第幾次？」

「第三次啦。」自立法師說：「老法師五十八歲時（一九五二年），因為巡迴弘法臺灣返回，決定閉關禮誦《法華》，這年九月十九日在彌勒內院開始了他第三次的閉關。」

「老法師閉關是為了寫書？」謝冰瑩想起自己住進靜修禪院的動機，是否也是他們所謂的閉關？

「當然，不過這次閉關的目的和之前兩次不同，主要是兩方面的

▲閉關中的禪定相

安排：一是想借此完成他此前預定的著作，二是他想借助關房的窗口來給學僧們上課。因此，老法師自嘲這次閉關是掛名的。」

謝冰瑩疑惑地問：「為什麼說是掛名的？那我們今天拜訪老法師方便嗎？」

自立法師說：「因為他在關內還授課啊。有人就批評老法師身居關內，心馳關外，老法師回應他們說：閉關自度，說法度他，豈不一舉兩得嗎？所以他在關內也接待學僧和來訪的客人啦。」

謝冰瑩若有所悟地說：「原來如此！」

她心裡正在想，這位老法師該是怎樣的人物，做事情竟然如此與眾不同呢。

隨後，自立法師帶著謝冰瑩母女到了關房前。那是一間不起眼的小屋，門上貼了封條，只留一個可開閉的小窗口。

自立法師用錘子輕輕地敲了一下小鐘，慈航老法師那張充滿了慈祥的、圓圓的笑臉，就出現在小小的窗口了。

彼此寒暄之後，慈航禪師就搬出一本很大的相簿並指著他在南洋的徒弟王弄書、畢俊輝兩居士說：「這兩位女居士，都是在南洋很熱心弘教的，你將來去南洋時，一定會認識她們，而且會成為好朋友。」

「我恐怕沒有機會去南洋。」謝冰瑩回答他，視線仍然落在相簿上面。

「會去，你一定會去的。」

看見謝冰瑩帶著小朋友莉莉，老法師開心極了，馬上給她兩顆大蘋果，並且說：「這位小朋友很聰明，將來她會周遊世界。」

慈航禪師的話語總像是一種預言，謝冰瑩也只好不置可否。

忽然，慈航禪師對謝冰瑩說：「謝先生，我希望您辭去師大的職務，來山上做一件工作。」

「什麼工作？」

「把佛經上許多故事，用白話文譯出來。」

「非常抱歉！我對於佛教太沒有認識了，佛經上有許多字我都不認識，怎麼可以翻譯呢？」

「我會告訴你的，只要你發心來做就好了。」慈航禪師很誠懇地說。

「我很願意跟老法師學習，做您的學生，可是我目前要負擔家庭的生活，還不能上山。」

謝冰瑩委婉地謝絕了。

老法師語重心長地說：「佛教的教義，要普遍到民間，必須要大眾化的文字，能令小學生讀給八十歲的老婆婆聽懂才行。」

他繼續說：「我想編一部《佛學白話叢書》，把藏經裡面的許多材料，用小說、話劇、詩歌、傳記、童話、寓言的體裁，編出很有趣味的小叢書來，貢獻每一個角落的人們去閱讀。」

「是的，現在還不是你上山的時候。我知道，這時候要你寫有關佛教方面的文章，你是很勉強的。不過將來有一天，別人不向你索稿，你也會主動地寫的。」

慈航禪師接見了謝冰瑩母女，並且預見了母女二人未來的經歷，後來這些都一一應驗了。一九五七年八月，馬來西亞霹靂太平僑校華聯高級中學想從臺灣聘請教授國文的教師，遂得到友人的推薦，謝冰瑩帶著女兒前往南洋，與王弄書、畢俊輝二居士真的成為了好朋友；一九六〇年，她隻身返回臺灣，莉莉則留在南洋繼續完成學業，後來果真環遊了大半個世界。

實際上，慈航禪師對謝冰瑩早有關注。第一次拜見結束後，慈航禪師贈送了謝冰瑩一本親筆簽名的《菩提心影》，當時她並沒有打開細看，等到坐上公車之後才隨意翻開，就在那一頁發現了自己的名字。原來慈航禪師把謝冰瑩北閥從軍的那段事蹟例舉出來，勉勵青年婦女努力報國。

在謝冰瑩的印象中，慈航禪師慈祥、和藹、誠懇、熱情，眸子裡放出智慧、博愛的光輝，使人一見就有親切之感。這種印象應是當時見者一致的，無怪乎達心法師、性如法師等屢屢勸謝冰瑩早點去會見慈航禪師，他們總是說：「你一定很崇拜他的！」

大概在第一次會見慈航禪師之後，謝冰瑩在《覺生》第四十七期發表《慈航法師印象記》，其中感慨地說：「的確，慈航法師太像彌勒佛了！他披著一件金黃袈裟，精神飽滿，眼睛奕奕有神；說起話來，聲音洪亮，發人深省。」

04

善巧說法

通俗弘法是慈航禪師的夙願，他是臺灣較早透過電臺講經弘法的法師之一。他對文學、音樂等尤其留意，在當時就是以善巧說法為人熟知。

有的講經弘法，因為墨守陳規，每次講經，不問時間、地點和聽眾的具體情況，都是高臺大座、之乎者也，雖然如皇帝上朝，威嚴凜凜，但因現代人古文素養缺乏，大都聽了不知所云，滿頭霧水、昏昏沉沉。慈航禪師就不同了，他能夠因材施教，態度從容、聲如洪鐘，辯才無礙、口若懸河、滔滔不絕。粗言細語，隨口說來，皆是妙道；一舉一動，純任自然，無非佛法。談理深入淺出，敘事情節動人，而且好用比喻，繪聲繪色，時常引得聽眾哄堂大笑。

有一次，慈航禪師向大家說起一個小故事，題為《無言說教》。他說：

從前有一位在家的居士，他很會講經說法，但他有一個怪脾氣，喜歡去欺侮一個鄉下小廟裡的和尚。他自命不凡，常常找出許多難題，和小廟裡的和尚作難；因此這和尚看見他來，好像見了老虎一樣的驚恐，為的怕他又來問難。

一日有一個賣豆腐的人經過這小廟，看見這和尚愁眉不展的樣子，好像心裡面有什麼不樂意的事似的，便故意地說：「和尚！你買豆腐就買，不買也不要緊，為什麼看見我來，你就不歡喜呢？」這和尚經這一問，連忙打招呼說：『不是不歡喜你來，是因為有一位居士，常常來問我的經，我答不出來，所以我心裡難過，並不是因為你來。』

這賣豆腐的半開玩笑地說：「原來是這樣的啊，為什麼不叫他來問我呢？」這和尚用著很驚異的眼光問他道：「你也懂得經文嗎？」賣豆腐的又半認真地說：「你不要小看了我啊。」這和尚半信半疑的，一時丈二和尚摸不著頭腦。為了要報復這居士的屢次問難，竟相信起賣豆腐的話來，立刻要求那賣豆腐的剃光了頭髮，穿著他的袈裟；再叫人去請那位居士來，說是他的師父來了，你有什麼問題可以儘量地提出來發問。這賣豆腐的一時被好奇心所驅使，竟也糊裡糊塗地答應了這和尚的要求。

果然不多一會，這居士便趕來了。誰知那位新剃頭的假和尚，大頭大腦，大模大樣，眼觀鼻，鼻觀心，盤著腿坐在那裡；見了居士，連看也不看他一眼，煞有介事，好像真有道行似的。這倒使來問的人，不敢輕易開口了。

這居士一時找不到問題，忽然伸出雙手將十個指頭一豎，這假和尚即刻也豎起一隻手五個指頭來。居士又再舉起三個手指，這假和尚再用一個食指，照定這居士胸前一觸，嚇得那居士汗流浹背，拔起足就往門外跑了。

然而，真和尚卻在旁邊看了，倒弄得莫名其妙，看見居士跑了，連忙趕出門外，追上了居士，問他為什麼嚇得拔足就走？那位居士氣喘喘地說：「你那位師父的德學，真是至高無比啊！我豎起十指，意思就是問他『十惡』有什麼方法可以制伏，你師父豎起五指告訴我用『五戒』。我又豎起三指，問他『貪瞋癡』三毒如何降伏，他豎起一指向我胸一觸，意思就是叫我用『一心』罷了！如果我再不走的話，那他就要反問我了，所以三十六著走為上著。」說完便頭也不回地走了，從此以後再也不敢來向這真和尚囉唆。

真和尚暗自驚歎，看不出這賣豆腐的藏著一肚皮的經典，竟把平日我慢不已的大居士無言而就降服了。但總覺得奇怪，回進廟裡，又問起賣豆腐的來：「你這五指和一觸，究竟是什麼意思？」

誰知不問也罷，一問，就連飯也差一點都噴了出來。原來假和尚說：「他問我十塊豆腐幾個錢？我答他五角。他還我三角錢要買十塊，所以我罵他是沒有良心的人。」

慈航禪師的故事一講完，大家又是哄堂大笑。不過，笑完之後，卻總有一種說不出的壓力，讓你好好地反省反省自己！

05
愛唱歌的老法師

慈航禪師的通俗弘法，留給學僧和居士們最深刻的印象莫過於唱歌，它是慈航禪師最常用的一種教化方式。

慈航禪師曾發表對於音樂的看法說：「音樂不但娛樂而已，且可移風易俗，果能復古聖之慈音而行化天下，豈不美哉？」

實際上，早在南洋時期慈航禪師就以作佛教歌詞而著稱。當時他作有《太虛大師讚歌》及《黃衣僧》等歌曲。前者為《星洲中國佛學》第三期為紀念太虛大師圓寂所撰，後者則是在《星洲中國佛學》第九期護法專號所發表的。

在彌勒內院，慈航禪師的上課方式比較獨特。他常以唱歌為始：先唱佛歌，次讀三經（即《遺教三經》），然後講課。他自己編撰了一些有策勵性的佛歌，上課前，由他起腔，大家接著合唱下去。

佛歌中的歌詞有些是贊仰三寶的，有些是策勵僧青年的。比如《教主歌》，在一九五〇年十二月初八日臺灣汐止彌勒內院印行的《法會念誦》本中即有，其歌詞為：

娑婆界，本師釋迦牟尼文佛尊，不戀王宮去修行，六年道行成，夜睹明星諸緣淨，自性本無生，正是苦海慈悲主，救世第一人。

而所謂的《光光光》應即是《贊佛歌》，其歌詞為：

光光，你為什麼放這樣大的光，為的是大地黑暗，為的是苦海茫茫。光光，你是救世的主，你是救命的王，請你快快，把佛日高揚，我們全體，祝你光明無量，壽命無量。

以上這兩首歌曲都收入正式的法會念誦本，足見這些歌曲不僅在日常傳唱，也應用於嚴肅而莊重的法會之中，對於傳統的梵唄亦是一種大膽的改進了。

一九五一年春，唐湘清居士到汐止看望堂姐，曾帶著不到十歲的小外甥女上山拜謁慈航禪師。

慈航禪師看到有小朋友來，趕緊拿出一大把糖果來招待，還要小朋友唱歌給他聽。起初小朋友因為害羞不敢，慈航禪師說：「你唱我也唱。」

於是小朋友用稚嫩的聲音怯生生地唱起學校裡的歌曲。慈航禪師則唱宣揚佛教的歌曲，如《教主歌》、《光光光》。

他們此唱彼和，一會兒兒歌，一會兒拍手，老少兩個人唱得不亦樂乎。

唐居士不禁感慨：「像這樣坦白如赤子的老天真，在佛門大比丘中，真是稀有僅見。過去我們的佛門大德，常過分嚴肅得使群眾不敢接近，過分老氣橫秋得使青年少年兒童不能接近。今後佛教要深入群眾，那麼慈航法師的作風，實有發揚的必要。」

二〇一四年十一月，筆者應邀參加首屆兩岸中青年佛教人士聯誼交流會，星雲大師作了題為「傳承」的開示。在開場白中，曾經追隨慈航禪師的星雲大師就說：「六十五年前，慈航菩薩每在上課前，先教人唱歌，我們今天，也先請慈容法師帶我們唱首歌吧。」於是，慈容法師領唱星雲大師所作的《十修歌》，足見慈航禪師的弘化方式對於星雲大師的影響之深。

06

怎樣知道有觀音菩薩

會見完慈航禪師之後很久，謝冰瑩由於俗務纏身，也未再見諸位法師。

有一次，達心法師前來問詢，並對謝冰瑩說：「你和老法師見面之後，他很高興地對我說你有慧根，將來一定會皈依三寶，現在我要和你談的，也就是這個問題；你願意皈依嗎？」

謝冰瑩很肯定地回答說：「願意！」

她把達心法師帶入自己的書房，從書桌的抽屜中取出日記本，翻開一天的日記鄭重地請達心法師看。

達心法師接過日記本，只見上面記載著一個奇怪的夢：

我站在海邊瞭望風景，忽然浪來了，海水不斷地往上漲，往上漲，看看快要蓋到腳了。我想逃；但是到處都是白茫茫地一片，我往哪裡逃呢？我想逃到對岸去，海裡有許多電線桿，然後在沿著電線到海的那邊；可是理智告訴我太危險了！萬一觸電怎麼辦？電線斷了又怎麼辦？正在我著急萬分的時候，從海裡湧出一隻小船，船上有一個穿黃色袈裟的老僧，他正撐了船來渡我。

「請上船吧。」他微笑地說。

「謝謝！謝謝！」我跳上船就醒來了。

達心法師驚奇地說：「真奇妙！那穿黃色袈裟的老僧，一定就是大慈大悲的慈航老法師！」

謝冰瑩點了點頭，說：「是啊！老法師就是觀世音菩薩！」

達心法師笑著說：「謝先生，您和觀音菩薩最有緣分，聽說之前您在呂居士家見到觀音就下拜，可有此事？」

原來呂居士家那位姑娘把這事和大家都說了，謝冰瑩自然得承認了。

法師接著說：「老法師有本名著，叫作《怎樣知道有觀世音菩薩》，之前南洋眾人發心印製了很多結緣，您有機會可以找來看看。」

「我基礎太淺，不知能否看得懂呢。」

「老法師的書啦，您是知道的，他最重視白話宣講，他的文字總是能夠深入淺出。這本書的後半部就是從古至今關於菩薩的各類感應故事，我看您的事蹟以後也是可以補寫進去的。」

謝冰瑩的皈依在慈航禪師圓寂之後，因為尚未下葬，故而請其弟子自立法師等代授皈依，從此，法名「慈瑩」的謝冰瑩就成為正式的三寶弟子，而慈航禪師是她最為敬仰和懷念的皈依恩師！

從反叛封建禮教到投身轟轟烈烈的革命大潮，這位被譽為巾幗英雄的謝冰瑩最後竟然皈依了佛教！這種轉變當然是巨大的，甚至於她自己都感覺驚奇，她回憶說：「連我自己也有點驚訝：我轉變得太快了！一個什麼宗教都不相信、都不感興趣、特別是不喜歡下跪的人，如今居然虔誠地信起佛教來了！對著慈老的缸，我偷偷地流淚，為什麼當初性如法師，常常催促我去彌勒內院拜訪老師，我總以沒有時間來推辭，如今想要聞法已不可能了，更使我傷心的是：我得到慈老圓寂的消息太晚（是性如法師親自來告訴我的），待我匆匆趕去時，已經封缸了，連最後一面也不能見，我的緣分太淺了！唉！」

正是遵從慈航禪師的意願，此後的謝冰瑩創作了大量佛教經典白話文故事，以通俗之語言講述佛學內容，流行甚廣，她是佛教白話文宣傳的代表。

謝冰瑩在其後的散文作品中屢屢提及恩師慈航禪師，足見她對慈航禪師的崇拜與敬仰。

在《遙寄黃泉》一文中，她除了和親愛的媽媽述說衷腸，也提及自己「在這寂靜的午夜，我只能伴著您和爸爸的遺像，觀世音菩薩以及我的師父慈航老法師的遺像讀書、寫作，才能得到一點安慰，一點快樂！」她的很多感人肺腑之作就是在孤獨的午夜中完成的，而父母、恩師、菩薩（觀音菩薩、慈航菩薩）則是她努力創作的最好見證人。

只要有機會，謝冰瑩都會前往秀峰山看望慈航禪師塔墓：「……我每次來到秀峰山，便要先到您的墓前焚香禮拜，然後再去到您的關房停留片刻，我的耳朵裡彷佛還留著一聲輕微而響亮的鐘聲，是它叮噹一響，您才馬上開了小窗門，現出慈祥和藹的笑容來；如今，這窗口成了永久的紀念物，我每次看見它，便像看見您似地感到親切、舒服。」

慈航普渡
甲申清和
朱武春敬題

07

黃衣僧

謝冰瑩夢裡穿黃色袈裟的老僧確非慈航禪師莫屬！

「黃色袈裟」正是慈航禪師一生最具代表性的寫真：他是以夜夢黃衣入胎而降生的，日常生活中他也是以南傳黃色袈裟披身而引人矚目，甚至為了這身黃色僧裝他與恩師太虛大師有過激烈的爭議。

▲南傳佛教著裝的慈航禪師畫像

慈航禪師的俗名是艾繼榮，光緒二十一年乙未年（一八九五）八月初七出生於建寧縣溪口鎮艾陽村，屬客家子弟。

建寧縣位於福建省西北部，位於武夷山脈中段，高山環抱，溪流交錯，氣候暖濕，適宜耕作。現屬福建省三明市管轄。

父親艾炳元給嬰兒取名為「繼榮」，別名「彥才」，期望這個嬰兒長大成才，考取功名，光宗耀祖。

建寧艾氏奉艾淑南為始祖。據建寧《艾氏族譜》載：南宋末年，元兵侵犯涼州，艾姓兄弟自甘肅天水逃難至建寧西圖際定居，後西圖際改稱艾陽村。慈航禪師的俗家世代以來都是以耕讀傳家。他的父親艾炳元是清末國子監生，為人正直、謙和，在私塾中教學為業；母親謝氏系出當地名門。

據說，母親謝氏臨產七天，夢見黃衣人進入房間，才生下一個兒子，此子就是後來的慈航禪師。

所謂的「黃衣」指的就是出家人，因為出家人的日常衣服顏色雖然沒有定制，以褐、黃、黑、灰四色為多，但一般以黃色為常服。

民國二十四年（一九三五），慈航禪師離開弘化多年的緬甸仰光，回國途經廈門，遂探訪母校南普陀寺的閩南佛學院。

他應邀在母校發表了演講，他說：

諸位法師！諸位親愛的同學！剛才承寄法師的過分誇獎與讚美，實在使我感覺非常慚愧。法師囑咐我，要我將所到過的幾個地方的佛教情形，來同各位作一個詳細的報告，這更使我不知從何說起。記得慈航在七八年以前，在這裡讀書，那時是太虛大師在這裡做住持。後來因為特別緣故，就離此去南洋、緬甸、印度了。

現在放開我們的眼光，去向全中國幾個名山觀察一下，哪個山頭不是我們和尚住的？所以我由此推想到一個佛教徒，不在社會上去作弘法度人利國的工作，積年累月地和世人隔絕在深山裡面，把那最高深、最完整圓滿、最偉大的佛教教理與社會人民脫節，實在是太可惜了！為什麼呢？因為一個教徒，如果能夠把他所信仰的教理，一一播送到世俗苦惱的入世間去，並且能使每個國民都做到信受奉行，那麼，這個宗教自然就會飛黃騰達，普遍到全世界了。倘若一個教徒採取那離群索居的主義，長期和世人隔居在那深山裡的話，那麼這個宗教不但不能盛行在這個人世間，而且還要遭遇滅亡的危險！假使僥倖存在，也不過是跟著它的幾個教徒埋沒在深山裡而已，這是我們應當時刻覺悟和警惕的事啊。

諸位同學！時間只限我講三十分鐘，現在時間已經過了，我就把上面聽說的總結一下：就是希望佛教徒從今以後，不再寄在山上，而要寄在民間；不再寄在叢林，而要寄在苦惱的人世間！不要把佛學緊緊地關鎖在經櫃之中，而要把佛學寄在五濁極熾的社會裡；還要希望中國人乃至全世界的人，都要普遍信仰三寶。這樣才把高深難探的佛法，自然而然地趣向到民間去了。佛教到了民間，為人民所信仰，那才能說佛教是救人救世。

除了演講，他的著裝尤其引人注目。

這次廈門之行，慈航禪師遇到了瑞今法師。

瑞今法師於第一屆閩南佛學院將結業之際前往漳州南山學校辦學，時常來廈門閩南佛學院，二人當時已相識了。

此次瑞今法師正好在廈門，因聽路人說及有光頭赤足披印度式的黃衣和尚領著信徒十餘人從街上過，隨即跟蹤追趕，要探看究竟是何人。

及至趕到，發現是慈航禪師，二人故友重逢，不禁感慨萬千。

在瑞今長老印象中，慈航禪師的體格已經從之前的瘦小變為圓壯，簡直判若兩人了。

一九四六年夏，在鎮江焦山定慧寺開辦「中國佛教會會務人員訓練班」，由太虛大師門下的芝峰法師任主任。

當時在《海潮音》第二十七卷第四期中有東初法師發表一篇關於改革僧裝的文章，引起巨大的反響，佛教界關於僧裝改革的討論愈演愈烈。

在一次會議席上，正當大家為僧裝改革熱議之際，有人宣讀了太虛大師致芝峰法師的信，說：

芝峰法師：

茲有一套新式的僧服，送你穿之，以作受訓員僧服模範，令各自成一套，為受訓紀念。此衣之式略同東初所議職僧服，廢德僧服學僧服，海青則專作在家居士的禮佛服，觀緬錫等在家，只穿鮮長俗服，無袈裟式縵衣，穿五衣尤不合，海青原中華古服，與僧裙合作居士服為最宜。

因為太虛大師的推薦，由此，訓練班及靜安寺上海佛學院、玉佛寺、江蘇省佛教會等都積極回應。

是時，慈航禪師遠在南洋，不明其中經過，以為太虛大師要將傳統僧服改為類似俗家的服裝，於是他撰文強烈反對，主張採用南傳佛教的黃色服裝。

慈航禪師寫了一封措辭激憤信件給太虛大師，聲言大師如不採用他所建議的服裝風格，他將反對到底，並將退出大師的「新僧籍」！

太虛大師為這封信啼笑皆非，先後兩次覆信給慈航禪師，向他解釋僧服的沿革以及為訓練班試設一種便服的用意：

慈航：

八日函悉。你的耿直是可取的，但未將事理辨清、魯莽言動是可恥的！一、誰說以俗服來代替？二、何處有新僧籍，你曾從何處入籍今要脫籍？這兩項都是沒根據的。三、《海潮音》上曾有一二人議改僧服，乃一二人的言論，我未置可否？你亦盡可向作文的一二人在《海潮音》辯論，既無所謂新僧籍，亦不應對我及《海潮音》言。四、試製訓練班僧服，亦訓練班僧在班時試用，往者救護隊僧亦曾著大同小異之各隊制服，僅可提為是否適當之討論材料？未經一律規定。

慈航禪師耿直坦率，收到太虛大師的信件、瞭解到事情的原委後，勇於認錯。他將太虛大師的信札以及他自己寫給大師的信，一字不易地刊登在《中國佛學》月刊《護法專號》上，並刊登啟事，宣稱以後將改名「可恥」，以此紀念太虛大師的教誨。

慈航禪師說：

諸位敬愛的讀者們！慈航在民國十六年（一九二七）赴廈門南普陀寺——閩南佛學院——求學，那時是太虛大師任住持兼院長，前有慧覺、滿智、惠庭，後有芝峰、大醒、亦幻，這幾位法師，都是我的教師。這不消說，跑到新僧隊伍裡去，受過了新佛教的洗禮，把我從前頑固腐敗的頭腦，當然為之一變！

所以後來或追隨大師（在南京創辦中國佛學會以及佛教國際訪問團）或自開爐灶（在安慶迎江寺創辦佛學研究部和訓練班，以及仰光中國佛學會、星洲中國佛學會等）莫不以師志為己志，雖無成績可言，然為報答師恩，未敢片刻忘懷，堪慰己志！

近因《海潮音》月刊中，見有僧裝改革諸文，思想未敢統一，為尊重大師起見，特寄函請示！後承大師諭，慈航除慚愧及感激外，今特披露於刊，以作關心僧裝改革者，一好材料也。是非曲直，自有高明評判。

大師！我是一個頑童，說錯了話，自己不知不覺，蒙大師不棄，念我無知，開示於我，弟子歡天喜地，頂戴受持，將可恥二字，作為畢生的紀念；今對全世界人士，向大師磕一百零八個響頭，髮露懺悔！哀求大師彌勒度量，赦我的罪吧！

一九四七年三月十七日，太虛大師在上海玉佛寺圓寂，慈航禪師當時還在新加坡閉關，得知大師逝世，悲痛異常，寫了《應如何紀念大師》、《由紀念大師來說到法舫法師回國的重任》等許多紀念大師的文字。

慈航禪師日用的信箋上時常印著「以佛心為己心，以師志為己志」。他對太虛大師的崇敬，完全是出於其一片至誠。

這就是黃衣僧——慈航禪師，他是青年僧伽仰慕的楷模，人間佛教的急先鋒，南北傳佛教交融的先行者，臺灣第一位成就肉身的高僧！

中篇

08

初聞海潮音

梵音海潮音，勝彼世間音。

中國新式僧學堂始建於一九〇四年，而有「佛學院」之名者則更遲，直至一九二二年太虛大師於武昌建立武昌佛學院之後，這個新名稱才得以廣泛使用。

▲太虛大師

現代佛學院如雨後春筍般湧現，這是有多方面原因的，而幾次廟產興學的風潮對佛教教育影響最大。

廟產興學風潮始於清末，歷經幾次高潮，其中從十九世紀末到一九一三年是第一次高潮，一九二六年到一九三一年為第二次高潮。

「廟產興學」最初是由清末大臣張之洞在其《勸學篇》中提出，要求將寺院廟產（指的是中國漢地佛教寺院的一切財產，包括寺田、寺院建築等有形物產等）改作社會學堂教育之用。

針對廟產興學之風，佛教界只好改變以往各自為政、一般散沙的局面，組織各種佛教社團，從事生產自救，興辦各類慈善教育和文化事業。閩南佛學院的興辦也不例外。

閩南佛學院位於風景綺麗的廈門五老峰下，與著名社會高等學府廈門大學毗鄰。

它所依託的是廈門南普陀寺。

南普陀寺原名普照庵，元末荒廢，明洪武中僧覺光重建之，奉祀觀音大士暨釋迦佛像，明季複毀於兵。清初，經過靖海將軍施琅重修，易名南普陀寺。

閩南佛學院的開辦可以回溯到一九二一年。

當時著名的廈門籍華僑陳嘉庚先生要在廈門捐資建設一所新式大學，他向當時的福建省政府提交了申請，並獲得批准。政府徵收了廈門南普陀寺的一大片農田作為這所大學的校址。

一九二四年轉逢法師改南普陀寺為十方叢林，以會泉法師為第一任方丈。一九二五年，

南普陀寺

▲閩南佛學院

為防止寺產再次被侵奪，南普陀寺的方丈決定在寺內創辦閩南佛學院。會泉三年方丈期滿，改聘著名的佛教改革家太虛大師任方丈與閩南佛學院院長。

之所以選聘太虛大師擔任南普陀寺方丈，據說也是因為考慮到他的威望，可以維護本寺的利益，消解廟產所面臨的威脅。

太虛大師從一九二七年四月二十九日晉院，一直到一九三二年十二月三日退住持、院長之職，後來由常惺法師繼任。

民國十六年（一九二七）九月，閩南佛學院入學新僧中有一位身材瘦小的人引起了大醒法師的注意，只不過不是因為他的「優異」。

大醒法師是太虛大師得意弟子，生平以提倡佛教僧伽教育和主辦佛學刊物著稱，長於處理事務。大醒之名據說是太虛大師給予的。按常例，太虛大師的出家弟子如大慈法師、大勇法師、大剛法師等，都以「大」為名，而沒有從太虛大師出家卻有大師賜名者，大醒法師是唯一一人！足見他深得太虛大師的賞識。

大醒法師當時擔任閩南佛學院的教務主任。

「你從哪裡來？」大醒法師問。

「從南京來，不過，我是福建建寧人，出家泰寧。」面對這位嚴厲的教務主任，那位法師顯得有些膽怯。

「之前在哪裡學習過嗎？」

「沒有，此前參訪了安徽的九華山，也在常州天寧寺學過禪，四處雲遊，朝禮過天臺、普陀等各大寺院，曾在諦閑法師處聽教，於度厄長老處學淨土。不久前在金陵聽講《楞嚴經》……」

不等這位法師講完，大醒法師毫不留情地斥責說：「看你年齡也已經三十多歲，也遊歷過這麼多地方，為什麼文字還是一竅不通！」

這位常被人嘲笑的「差生」其實就是慈航禪師。

在《菩提心影》的《習慣》一文裡，慈航禪師回憶自己的閩南佛學院生活說：「在學校裡面，我固然是不會作文，我記得在南普陀閩南佛學院讀書的時候，授文學的教員，都是請廈門大學的文科教師來教，作起文來，別的同學的文章，先生在文章旁邊圈上加圈、點上加點。我的文章，先生好像同我有冤一樣，他不但不批，連改也不改，拿起他的大筆，在我的文章上面，不問三七二十一，揮筆一塗，或是幾個叉叉——XXX，我是知道自己作的文，一定是不上規矩，只好自慚自愧。」

一九四九年二月九日，大醒法師到達基隆港，李子寬居士連忙通知慈航禪師一起前往基隆接船。後來因為另有邀請，慈航禪師於當日晚上才見到大醒法師。

師生二人一別十多年，此次相見，今昔對比，不勝感慨。

彼此寒暄之後，慈航禪師就請教大醒法師：「從前我們大師主張的教產革命，以及你老人家在仁山法師編中國佛教會月刊時，曾發表過一篇有計劃有系統的就是集中中國佛寺財產，來支配辦佛教及社會各種有利益人群的事業，這種理想，以後能夠成為事實嗎？」

大醒法師則答以五個方面的內容：

一、在原則上是應當這樣做的，在環境上是永遠不會實現的；
二、佛教徒自己不覺悟是沒有辦法的；
三、以後的寺產，臺灣也很危險；
四、中國佛教是永遠可以存在的；
五、中國人還是要用中國佛教。

次日，在基隆寶明寺的楞嚴法會上，慈航禪師邀請大醒法師共同出席。大醒法師以《學菩薩者應以明瞭三寶意義為基礎》為題發表演講。一開始，大醒法師就先說明他與慈航禪師的關係：「諸位，剛才聽見慈航法師說的話太客氣了，其實我和他是同門兄弟，都是在太虛大師指導之下的，那時他在廈門南普陀寺閩南佛學院讀書的時候，我雖然當教務主任，然而以後他離開了佛學院到南洋各處去弘法，辦教育，辦文化事業，成績很好，而我真是慚愧！」

「我們兩人差不多有十幾年沒有見面了，這次來臺灣，承他昨天冒著雨去接我，我真過意不去，本來就打算今天要來這裡看他，又承他昨晚去邀我，要我和諸位講話，你們對《楞嚴經》佛理已經聽得很明白，我沒有什麼好的講。」

就是這位曾經嚴厲批評慈航禪師的大醒法師，在看到他後來的弘法成就，不得不由衷地向大眾讚揚說：「太虛大師的門下，都像慈航法師那樣努力，佛教必定有辦法！」

閩南佛學院的學習是慈航禪師一生中唯一一次接受的正規教育，這一經歷可謂彌足珍貴，是他與中國佛教「馬丁・路德」式人物——太虛大師的初次結緣。

但也不無遺憾。據說，慈航禪師在閩南佛學院前後一共學習不到半年，因為一次學潮的牽連而離開了。

太虛大師《自傳》中提及他在閩南佛學院的事宜，其中就有慈航禪師與學潮之事。太虛大師說：

去秋我曾經去廈門一次，各界對我之印象甚佳，故由南普陀寺前住持會泉法師交我接任，各界宴賀甚盛。關於閩南佛學院，改由轉逢、會泉為院董，我與常惺為正副院長，繼續辦理；並分辦小學於漳州南山寺，由覺三、達如等主辦。

我因事須回上海，遂商定事務由轉逢、會泉、轉岸、覺斌代為主持，學院由常惺代理；但夏間，常惺法師應滇省之招而往昆明，由蕙庭教務主任與會覺、滿智等維持。我回滬將法苑結束完畢，赴杭州靈隱休夏。因慧明方丈及玉皇監院等深留久住，秋初再赴廈門，將寺務、院務安置後，遂歸靈隱潛心著述。這一年的《海潮音》，由悦安就在玉慧觀三德洋行編發。

我因要出洋遠遊，並感維持困難，宣言如沒有人接辦即停版，因有泰縣居士林王誠普、錢誠善發心繼承編發。我遂撰成足敷二年之現實主義，寄交陸續登載。次春，蕙庭法師抵靈隱迓赴閩院，擬勉為一行。乃春杪，忽發生半身不遂神經痛症，寓滬醫治。

閩院以蕙庭返江蘇，僅由會覺、滿智等維持。夏初遂發生學潮，學僧中有慈航、談玄、慧雲、傳戒、伊陀等。以一部分之過激行動，南寺閩院均陷危亂，乃派芝峰、大醒前往收拾。一方面調走為首滋鬧的二人，一方面或遣或聽離散，留院者已寥寥無幾，遂重新招考新生續辦。

這學期僧中，有心道、寶忍、默如、戒德、岫廬、又信、智嚴、竺摩、智藏、曼陀、燈霞、德超、等慈、普欽等。後來，由芝峰主教務，大醒主事務，把閩院穩定下來，亦幻、寄塵、陳定謨、虞愚等，亦曾任教學。院中並編發《現代僧伽》、《現代佛教》、《人海燈》等月刊。余十八年（一九二九）至二十一年（一九三二），冬間皆到南普陀度歲，對閩院加以整理充實，蔚成一時學風。鼓山佛學院、嶺東佛學院，亦望風興起。

自傳中，太虛大師誤將慈航禪師、談玄法師等人列為發動閩南佛學院學潮的學僧之首，認為他們有過激之行動。

不過，印順法師在《太虛大師年譜》一九二八年相應條目中另加按語，為慈航禪師等人澄清此事說：「又閩學潮之主要者，為懷璞、悟開，自傳所記之慈航、談玄等，實無多大關係，蓋大師未曾親處其事，僅泛記有此幾人耳。」

不管事實如何，慈航禪師到底還是離開了閩南佛學院，匆匆結束了這段佛學院的求學生活。

09

金陵逢知己

金陵就是南京，它是六朝古都，也是民國的都城。

毗盧寺始建於明朝嘉靖年間，初名毗盧庵，清朝咸豐年間毀於兵火，清朝光緒年間重建。因為太虛大師與毗盧寺結下不解之緣，該寺逐漸成為現代中國佛教的中心。

慈航禪師離開閩南佛學院重回金陵，住在南京毗盧寺，擔任僧伽訓練班庶務。僧伽訓練班為期六個月，由太虛法師主辦。由於大師正在遊歷西歐各國，此次訓練班具體事務由唐大圓居士主持。

訓練班的學員有一些是自詡為積極擁護太虛大師佛教革命的「新僧」。「新僧」們好像要開創一種新風氣，有些不願穿海青拿念珠，對傳統叢林的諸種規矩不太重視，對傳統僧人的行儀也有些不以為然。

在這樣的氛圍中，慈航禪師卻特立獨行，照常搭衣持具到大殿裡去拜佛，不但早晚如此，而且天天如此！

一些「新僧」自然嘲笑這位做派老舊的「老僧」，有些還特意和他保持距離。對此，慈航禪師毫不在意。

有一天，一位年輕的法師迎著剛從大殿禮完佛出來的慈航禪師說：「法師，請留步。」這是第一次有人主動和他接近，慈航禪師感到很驚喜，但不無戒備。

「法師」，那位法師為了消除他的顧慮，開門見山地說：「我敬佩你！」

原來他們是志同道合的同修，慈航禪師興奮極了。

「法師可否談談您對現在佛教的看法？」那位法師接著問。

「看法談不上，只是自己有一點小意見。」慈航禪師說：「老僧缺少知識，而新僧缺少行持，這應該就是現在我們中國佛教的大病！」

「您說得太好了！」那位法師情不自禁地大聲起來，「可以再具體談談嗎？」

「這裡是大殿，我們還是找個地方慢慢聊吧。」慈航禪師輕聲說。

他們找了一處較為僻靜的地方坐了下來。

慈航禪師說：「老僧缺少知識，這是不可否認的。拿我自己來說吧，實不相瞞，雖然曾經在閩南佛學院讀過，但就是因為文字一竅不通所以困難很大。」

「法師您謙虛啦。」

「可不是謙虛，這個我必須有自知之明。」

接著，慈航禪師談起自己小時候的經歷：「我因家庭不幸，讀書過少，故出家十餘年，猶不能看懂佛經。在家時，唯讀《三字經》、《六言雜字》及《論語》未終卷，因家境不良，讀一日間一日。

「我是清光緒二十六年（一九〇〇）六歲入私塾開蒙讀書，一直到光緒三十三年（一九〇七）十三歲之時，在學時間不長，斷斷續續。十一歲時，母親逝世，家裡一切無人照顧，衣食均須自謀，從人習縫紉，因常於寺院中縫僧衣，羨慕出家者之清高偉大，對佛教有了好感。

「十七歲時，父親也去世了，倍感人世的艱辛，人生的無常，我就決定出家，遂在鄰縣泰寧峨嵋峰慶雲寺一位老和尚那裡剃度了。」

這老和尚，即自忠長老也，當時他是泰寧慶雲寺的住持。

回首往事，不免傷情。

▲慶雲寺

聽到慈航禪師說起自己沉痛的往事，那位法師深表同情，說：「法師，想不到您的經歷是這樣……」

「不礙事，人生是苦嘛。如果不是這樣苦痛的經歷，我如何能夠發心出家學佛呢。法師上下如何稱呼？」

「道源，道德的道，源頭的源。」

「我是慈航，今後我們可以多多交流。」

「我敬佩您，願意和您多談談。」道源法師誠懇地說：

「新僧呢，您有什麼看法？」

慈航禪師說：「我上過閩南佛學院，也算是個『新僧』，不過我覺得太虛大師的意思不是要我們否定一切傳統。

舉例來說吧，太虛大師說過，業報法則實為佛教最根本的亦最究竟的所在，此而不信，亦無所謂佛教。現在很多新僧不重因果，不重行持，那和世俗人有什麼區別呢？

世俗人以為佛教迷信，那是他們的淺陋。不能因為我們看不見，就斷定說沒有。

人們要是不講理，當然是沒有話說。若是講理的話，那麼佛教中的經律論所謂『三藏十二部教典』是沒有價值？有沒有理論與事實？若是沒有價值與理論事實的話，為什麼佛教能在印度同那一班都是博學多聞的九十六種異教徒，在講臺上雄辯對抗，把他們弄得結舌無辭、屈膝歸降呢？如其不信，請把佛教的經論翻開來研究一下，包你再不敢搖脣鼓舌了。

佛教的書你一本也沒有研究，佛教的道理你一句也沒有聽過，只看見一班燒香的、念經的、拜佛的、持咒的，你自己不懂燒香拜佛念經持咒的意義，就大放厥詞曰：『迷信！迷信！』」

交談中，慈航禪師還特意提起自己小時候與觀音菩薩的感應事蹟：

「有一次，我送僧服去寺院，路過一段河灘，因為多日的辛勞，看到這裡景色秀麗，我就想留下好好玩玩。

我在河邊躺下休息，不想竟然就睡著了。夢中見到了觀世音菩薩，菩薩對我呵責道：『你怎麼這麼貪玩！』醒來之後，發現對面的山壁上似乎還有觀音菩薩的影像呢。

日後有時間，我一定要寫一本關於觀音菩薩感應事蹟的書。」

慈航禪師繼續說：

「假若我有了地方，我一定要辦僧教育，但是上殿、過堂等叢林的規矩要保存。」

「那你不是和那些『長老們』是一派囉？」道源法師故意開玩笑地說。

「才不會呢，傳統的佛教也需要一番改革，這就是為什麼我敬佩太虛大師的原因。

我們中國的佛教，在我個人看起來，一向是寄存在三點上面：（一）佛教在山上。（二）佛教在叢林中。（三）佛教在關房裡。這三點在差不多的人看了，一定認為很奇怪，為什麼一個佛教，不在教育上生活上去求表現，而跑到什麼山上、叢林、關房裡去呢？」

慈航禪師還談起自己之前在南京的經歷。

他說：「我不是第一次在南京啦，去閩南佛學院之前就在這裡待了幾年，那時候住在金陵寺，還和一位年輕的白聖法師結了緣。當時我正喜歡研究《楞嚴經》，他在這方面也很有興趣，兩個人就結拜為兄弟了，打算一起深入研習。可見，青年僧人中精進修行的人還是大多數啊。」

▲白聖長老

關於此事，白聖法師在其回憶錄中清楚地寫道：「忽然想起我們的第一次見面，是民國十四年夏季，在南京金陵寺，也在關房門口。那時慈老正親近南京四根桿子普照寺的度厄老法師研究《楞嚴經》，後來又在金陵寺掩關自修，並於每天午飯後為寺中大眾演講一次《楞嚴經》。我也是那年春季在安徽當塗縣小黃山廣福寺，聽度厄老法師講

《楞嚴經》後到南京去的。我到南京後，度老第一個就介紹我到金陵寺拜望慈老，並說慈老近來正在研究《楞嚴經》，我以他的宗旨與我相同，所以很興奮地到金陵寺去拜見他。他那時正坐在關房小門口，為關外數十位聽眾講《楞嚴經》，我不敢打擾他，等他講經完畢才去叩關拜見。在這一次的談話中，我知道他的性情豪爽，與我正同。」

二人相見之後，白聖法師繼續在南京香林寺聽了淨因法師的《楞嚴經》，然後又去了揚州高旻寺住禪堂，而慈航禪師出關後則去了閩南佛學院，旋任安慶迎江寺住持，接著又是弘化南洋，兩人再也不曾見面了。直到民國三十七年（一九四八）春，白聖法師忽然接到慈航禪師的來信，信中說道：「以往的白大哥了，是與你客氣，現在你真是我的白大哥了……」下文接著說：「我在檳城已於圓瑛老人座前受記了，豈非你是我真是的大哥了嗎？」原來在檳城，慈航禪師成為圓瑛法師的嗣法弟子了。據說當時圓瑛法師還有意要將檳城極樂寺住持之位給慈航禪師。極樂寺一直是由福建籍的僧人住持的，慈航禪師在南洋已經深得眾望，其擔任住持正好適合。

慈航禪師與白聖法師都嗣法於圓瑛法師，這是有很深因緣的，因為圓瑛法師就是號稱「獨步《楞嚴》」，二人因《楞嚴經》而相知相識，最後因《楞嚴經》而齊聚圓瑛大師門下，成為同門師兄了。

夜幕降臨了，時間不知不覺已經過去很久，但他們二人都覺得還有很多話要說。

「道源法師」，慈航禪師鄭重地說：「我想和您拜同參，好麼？」

拜同參有點類似於俗世人的結拜兄弟。

「當然可以！」道源法師滿心喜悅，一口答應了。

「我們約定一個日子到香林寺大殿去吧。」

於是，他們選定了一個特殊的日子在南京香林寺大殿裡「拜同參」。

慈航禪師此時年長於道源法師，故而慈航禪師為大哥，道源法師為小弟，他們之間稱兄道弟一直持續到慈航禪師圓寂。

這位道源法師，行在淨土，但也持律精嚴，一生弘揚「持律念佛」，一九五二年之後，臺灣歷次傳戒，道源法師大都擔任戒壇三師和尚，其在臺灣四十年，與慈航禪師一樣，也是樂於培育後學，堪稱僧界難得之楷模。

10

迎江寺的逆緣

安慶迎江寺位於安慶市東門，為安慶首剎，前臨江岸，後接平崗，原為萬佛塔，又名振風塔，因按堪輿家規劃而建，冀振興本地之文風，故名。萬曆間始創建寺宇，明光宗曾親書匾額「護國永昌禪寺」。清順治七年（一六五〇）敕改「迎江禪寺」，乾隆帝賜「善獅子吼」額，光緒八年（一八八二）題匾「迎江寺」。光緒二十四年（一八九八），近代名僧月霞法師（一八五七～一九一七）曾擔任迎江寺方丈。在其住持期間，據說還留下了著名的反對袁世凱稱帝的「月霞方丈公案」。

迎江寺作為安慶著名的佛教寺院，民國以來也不乏新的氣象。

安慶迎江寺在一九二二至一九二三年間曾有安徽僧學校或者迎江佛學院的佛學教育機構，人數大約二十人左右。該學校是常惺法師主辦，與閩南佛學院也有較深因緣。

民國十八年（一九二九）春，經由南京毗盧寺瑞生老法師的介紹及迎江寺監院竺庵法師之請，慈航禪師前往安慶，擔任安慶迎江寺住持。

慈航禪師能夠被推選為該寺住持，可能與之曾經親近度厄長老並且出身於太虛閩南佛學院不無關係。

度厄長老，隸籍湖北沔陽，闔家祖孫十一人皆出家，是當時佛門流傳甚廣的一段佳話。長老幼時性情喜靜，好讀佛書，早有出塵之志。光緒十七年（一八九一）冬，依赤山法忍禪師剃度，次年於焦山定慧寺受具足戒，主要修行方式為禪淨兼修；也有稱其弘揚的是華嚴宗，對《楞嚴經》有獨到的見解，是位宗教皆通的高僧。

長老曾擔任安慶迎江寺住持，後住南京普照寺等，屢講《楞嚴經》、《維摩詰經》等大乘經典。抗戰期間，南京淪陷，長老避難漢口，後走廬山黃龍精舍，九江淪陷後，廬山為日寇包圍，長老因年高難行，乃遷居大林路之花徑，不意為漢奸所害。

慈航禪師約請道源法師一同前往，希望能夠在迎江寺開辦佛學院，以實現他們對於僧教育的一些主張。

道源法師回憶當時的情形說：「我們今既有了地方自當依願起行，於是，創辦佛學研究部，以教育僧眾。教學的方法，以佛學為主，世學為輔；上殿、過堂等都依照叢林的規矩。

成立星期念佛會，以攝受信眾；又組織義務夜校，以化導社會，頗有一番興隆氣象！」

但是，一九二九年下半年道源法師就離開迎江寺前往武昌佛學院去了。他們兩人之間愈離愈遠，每有南望雲天、思我舊雨之感！直到一九四九年春，道源法師跟隨白聖法師入臺，住在臺北的十普寺，而那時慈航已經於一九四八年應邀在中壢圓光寺創辦臺灣佛學院了，故友重逢，無比欣慰！

根據《安徽省迎江寺僧伽訓練所同學會簡章》，當時迎江寺佛學院設立指導委員三人，即會覺法師、慈航禪師、談玄法師，另有執委五人，監察委員三人，幹事五人。會覺法師生平不詳；談玄法師與慈航禪師一樣，都曾是閩南佛學院的學僧，而且都捲入那次閩院學潮。

又據《安慶迎江寺佛學苑全體系統表》，當時迎江寺設總務部，其下有教務部、住持、事務部等，住持為慈航禪師，教務部下設（一）軍民夜校，主任為談玄法師；（二）僧伽訓練所，主任為慈航禪師；（三）佛學研究部，指導為會覺法師；（四）能仁小學，校長為韋元愷居士。

慈航禪師在迎江寺開辦僧教育之事曾得到中國佛教會的嘉獎。《中國佛教會月刊》刊發《本會訓令九華山容虛霓明法師迎江寺慈航法師嘉獎辦學文第廿三號》云：「查日下佛教徒興辦教育事業者，尚在少數，該僧等首先提倡，不憚艱巨，熱力毅力，殊堪嘉獎，所望努力發展，毋忘初衷，本會有厚望焉。」

在迎江寺雖然有了佛學研究部的成立，但慈航禪師並沒有以導師自詡，他請會覺法師擔任指導，而他自己則深知不足，曾對道安法師說：「民國十八年（一九二九），任安慶迎江寺方丈時，仍無法看懂佛學書籍，身為一寺之主，四眾的領袖，不能剝開深微佛學的哲理，心中非常急愧！再想入佛學院，年大而學淺，閩南三個月的教訓，已使我殊覺頭昏，不敢再嘗試佛學院的滋味了。年雖三十五，但上進的志並未灰。」

正在此時，法舫法師與唐大圓居士在武昌辦佛學函授班，慈航禪師歡喜之餘，立即匯款報名參加函授班，用一元五角的銀元換得一本根本看不懂的《唯識講義》，他自己回憶說：「講義雖然儘管看不懂，但無論如何，不願就此灰心丟掉它，同時更加上不服氣的心理，以為別人能寫能教能賣錢，我連看也看不懂，這是多麼可恥的一回事！」

因為不服氣，所以慈航禪師人到哪裡，也就把這份講義帶到哪裡，差不多每日或者隔幾天都必須看看它，以求對佛法中萬法唯識奧義的完全瞭解。

據《海潮音》一九二九年三月由慈航禪師撰寫的一份《安慶迎江寺宣講大乘妙法蓮華經

全部》通告，慈航禪師在安慶迎江寺也組織講經活動，曾邀請遠參法師前來宣講《妙法蓮華經》，不過該活動因為迎江寺遭遇火災而倍感困難：「但因住持慈航和尚於月前發起，在寺內請遠參法師講《法華經》，早已通告各處，聽經者陸續而來，且遠參法師已在途間，此舉萬難中止，唯講經時，食用供眾之具，概行毀去，殊感困難。」

迎江寺的火災發生於一九三〇年初，即農曆二月二十四日夜三鼓時。

火災的起因是寺東與菜園相連的居民用火不慎，牽連周邊民房及寺院。迎江寺的房舍被燒毀將近一半，損失慘重：「不兩小時，遂將藏經樓、庫房、客堂、大講堂、方丈室、觀音室等處，一併焚去，大雄寶殿僅燃一角，並焚去殿上寶頂，即救熄，寶塔及餘屋幸無恙，所可惜者，藏經樓貯藏經全部，更藏古書畫多種，尤以明宣化年間泥金書《妙法蓮華經》全帙為最，又有安南人所繪佛像七十軸，庫房樓上貯法器、祖衣、佛畫、鐘鼎，價數千金，大講堂系前住持月霞禪師講《圓覺經》時所建，寶座幡幢，桌凳陳設，一應俱全。」（鐵香：《安慶迎江寺東偏屋宇被焚實況》，《海潮音》第十卷，第四期）

火災發生時，前監院竺庵法師正在關房內閉關，僧眾要求老法師出關避險，老法師卻誓不出關，願與寺院共存亡。不過，大火燒至寮房而止。

火災之後，可能是因為與佛教會一些居士之間有些不愉快，慈航禪師便辭去住持之職。當時佛教刊物上發表《安慶迎江寺突遭變故》訊息：「迎江寺自慈航接任主持後，創辦各種研究社，民眾學校等，空氣一變。近因慈航不滿於佛教會一班居士，乃自請辭退寺職，各種組織以突遭變故，均皆停止云。」

慈航禪師在安慶迎江寺駐錫的時間並不長，以至於在當地並不為人所熟知，《安慶日報》

二〇〇八年五月一篇文章透露：「據《安慶市志》載，一九二八年（民國十七年）成立的安徽省佛教會，會址迎江寺，負責人慈航。在慈航之前的有月霞、心堅。市志中提到的迎江住持僧先後有：無凡、續源、月霞、是岸、心堅、慧明、度厄、淡雲、慈航、本憎、西競、佛悅、月海、皖峰等。雖然說明了慈航曾任過安慶迎江寺住持，但對慈航等住持的情況隻字沒介紹，這是一件憾事。」

此中提到的「安徽省佛教會」，當時的負責人是慈航禪師等人，不過這個組織的名稱或為「安徽佛教會」，也稱為「安徽省佛學會」。

慈航禪師自出家以後，背井離鄉，南北參訪，親近名師，特別是閩南佛學院的學習使他接受了佛教新思潮的洗禮，充分意識到中國佛教的出路在守正開新，他找到了自己佛教的引路人——太虛大師；同時，他認識到自己的缺陷與短處，知恥而後勇，學習不輟；在安慶迎江寺擔任住持的經歷讓他體會到傳統叢林制度某些弊病，使他對太虛大師佛教革新的路線有了更深切的同情。

此時的慈航禪師如同初生的牛犢，有一股不能自己的闖勁要去世界做一番佛教弘化的偉大事業！

11

在鹿野苑結緣達摩波羅

慈航禪師自離開安慶迎江寺後就開始了南遊之旅。民國十九年（一九三〇），慈航禪師在香港遇到自己的徒孫優曇法師，並由其陪伴左右。

▲優曇長老法相

優曇法師（一九〇八～一九九三），俗名楊華卿，清光緒三十四年（一九〇八）生，慈航禪師擔任安慶迎江寺住持時，優曇姨母在慈航禪師座下皈依三寶，以此因緣得以親近慈航禪師。因其姨母已為慈航禪師皈依弟子，鑒於楊是晚輩，便決定赴泰寧峨嵋峰依止於慈航禪師弟子宗教禪師。時，宗教禪師住持慶雲寺，開堂說法，道譽日隆。宗教禪師見其沉默寡言，具長者相，便為之依止師，給予落髮，法名釋英。因其喜經中優曇菩薩名，便法號優曇，成為慈航禪師法孫。從此，優曇法師在宗教禪師座下聽經聞法，日益長進。後又奉慈航禪師指示，辭師赴安慶，就學於迎江寺佛學院。

民國二十年（一九三一），慈航禪師偕徒孫優曇法師遊歷印度朝聖。

這次二人在印度的參禮發生了一次意外，優曇法師回憶說：

民國十九（一九三〇），老人應香港師友及信眾之請，來港宏法……民國二十（一九三一），老人又攜我往印度，參禮聖跡。一日，浴於菩提場之龍池。老人不識水性，不慎水沒於頂，同浴四五人未之覺也。我年未壯，亦不識水性，感法恩而忘省，入水救之。幸蒙佛陀之慈光加被，老人得幸無恙，經此同患難，老人愛我更深，不啻己之身命矣。

原來在菩提場之龍池沐浴時，因為不會水性，慈航禪師差點被淹死，同行數人多未察覺，幸得優曇法師相救，慈航禪師方才躲過一劫。

民國二十一年（一九三二），因聽說禪宗宗匠虛雲老和尚在鼓山傳戒，慈航禪師考慮到優曇法師還未受具足戒，便囑咐他去福州鼓山受戒。優曇法師受戒畢，回泰寧慶雲寺稍住後即前往鎮江超岸寺佛學院修學，民國二十三年（一九三四）又入武昌佛學院，從學於太虛大師了。

在鹿野苑，慈航禪師作為中華佛教的代表參加了錫蘭居士達摩波羅所建鹿野苑新佛塔的落成典禮。

鹿野苑，那是佛陀初轉法輪、度化五比丘、建立最早的僧伽團體的聖地。

達摩波羅是一位聞名世界的佛教人物。

達摩波羅（Anagarika Dharmapala，一八六四～一九三三），近代錫蘭（即斯里蘭卡）佛教復興運動的推動者，原名董・大衛・赫瓦韋特拉納（Don David Hevavitharane），後改稱達摩波羅，為摩訶菩提協會（大菩提會）的創始人。他是神智學協會（Theosophical Society，一八七五年九月二十六日成立於紐約，一八七九年總部移到印度）第一任會長

印度鹿野苑

奧爾科特（Henry Steel Olcott，一八三二～一九〇七，一譯為阿爾格特）的弟子。秉承著奧爾科特的精神，他成為斯里蘭卡新佛教運動的中心人物。

神智學會以「探索自然或宇宙，開發潛藏於人類的神祕的精神力量，形成一個超越種族、宗教和社會階級的組織」為目標。據稱，達摩波羅主張的佛教與傳統斯里蘭卡佛教教團有所不同，屬於「現代佛教」，是一種基於巴利語原典再解釋的、在歐美文化背景下重新構築的佛教。

此時的鹿野苑荒廢已久。

達摩波羅居士在此建立錫蘭僧寺。達摩波羅建立僧寺，志在印度恢復佛教。因此，錫蘭僧寺也是摩訶菩提會的分會辦公處，達摩波羅擔任主任。現有洋式建築若干：達摩波羅自住的房舍，兩間；祕書處、辦公室、圖書室，也是兩間；教職人員及學員宿舍一共七間，另有食堂和廚房。

這裡也籌辦錫蘭僧學校，除教授英文、巴利文佛學外，並領眾早晚熏修，已有學員七人；另開設鄉村平民小學一所，配備教員二人，學生五十餘人，講授社會課程。

此次剛落成的新塔距離錫蘭僧寺不遠。

新塔落成典禮定在十一月十一日舉行，世界各地的佛教徒都派出代表參加典禮。

十一日午後，隨著集眾的鐘聲敲響，慈航禪師與中華佛教代表體參法師、佛慈法師、福金法師、慈雲法師、優曇法師及記者六人一起前往會場。

首先是英國政府代表講話，說明其所贈送白銀寶塔內釋迦真身舍利的發現與保存過程，他說：「當在一世紀中，有一神僧在某石窟中禮拜日久，忽然地震，四圍散裂，唯中心湧一方石，約二尺餘高；揭其蓋，內藏舍利數十粒，並珠寶若干。石函中並篆有梵文，謂此靈骨（即舍利）乃佛滅後百年間，阿育王之所藏，即釋迦之真身舍利。後該僧為利生起見，乃請印王起塔供養，不意為異徒摧毀，所藏之寶物盡歸於私；及至英政府於印度成立時，方將該物保存。茲逢摩訶菩提新塔告成，故敬送供養，以保永久。」

當晚在鹿野苑新舊二塔還舉行了熱鬧的燃燈活動，圍繞二塔共燃燈數千盞，禮拜稱念供養者甚眾，人員一直持續喧鬧至天明猶未散。

十二日下午是植樹儀式。

先請出錫蘭所送之菩提幼樹三棵，隊伍由喇嘛開導，慈航禪師等中國僧人在後，日本僧人擊鼓跟隨。整個儀式非常莊重，華蓋、鮮花耀人眼目。

最後由達摩波羅登臺演講，他說：「當日阿育王之王妹，由印度帶的菩提幼樹，植於錫蘭，現印度佛教雖衰，而錫蘭猶盛。今日達摩波羅重請回印度，欲借錫蘭興盛之佛教，而重興印度，是吾所厚望！今所欲植三棵者，有三大願，第一棵願全世界各國所有之佛教，放大光明，集中力量，重興印度佛教；第二棵願印度佛教聖跡，恢復原狀；第三棵願扉哈那建築之發起人、贊助人及各國捐款之長老善信並佐勸功成之祕書，同臻福慧，共成道果！唯願今日所植之菩提樹，從此日盛日茂，長菩提幹，發菩提枝，開菩提花，結菩提果；使法界眾生，同證菩提之道！」

演講中達摩波羅忽高聲過激，眶赤淚流，有不忍再言之意；兩旁華臺四眾，一時心酸，悲感交集！

參加盛會的人員漸漸散去之後，鹿野苑又恢復了往日的平靜。慈航禪師獨自一人，靜靜地看著鹿野苑的一切，荒草萋萋，與這幾日的喧囂相比，真實的鹿野苑更多的是被遺忘的落寞。

隨手拈起一片掉落的葉片，輕輕拂去上面的塵土，慈航禪師細細地嗅了嗅，葉片上的氣味似乎能夠通貫古今。這一聞，彷彿就回到了當年，佛陀和弟子們……

鹿野苑的佛陀故事一幕幕地在慈航禪師腦海中浮現了：令後人無比崇敬的佛陀，悟道之後前往鹿野苑，憍陳如、馬勝、摩男拘利、跋提、額鞞等五人在那修習苦行，他們見到佛陀的到來，準備不予理睬，因為他們認為：「悉達多半途放棄了修行，他吃飯、喝乳，令人失望透頂了！」不過，一旦佛陀走近，他們都被佛陀身上所散發出的神奇力量所懾服。佛陀在此地為他們五人毫無保留地宣說了解脫之道，五人也聽到了佛陀第一次說法，他們放棄了原來堅持的修行方式，皈依佛法，成為了比丘……

慈航禪師不禁想到了漢譯的第一部佛典《佛說四十二章經》中開首一段經文，隨口大聲誦了出來：「世尊成道已，作是思惟：離欲寂靜，是最為勝；住大禪定，降諸魔道。於鹿野苑中，轉四諦法輪，度憍陳如等五人而證道果。復有比丘所言諸疑，求佛進止；世尊教敕，一一開悟，合掌敬諾，而順尊敕。」

南無本師釋迦牟尼佛！

12

且向大金塔下修

仰光的閱藏弘法可以說是慈航禪師佛教修學生涯中一個重大轉捩點。

民國二十年（一九三一）冬月，慈航禪師抵達緬甸仰光，駐錫當地唯一的漢傳佛教寺院——龍華寺。此前他遊歷了新加坡、馬來西亞、印度、錫蘭等地。

▲現赤足托缽雲遊僧身

緬甸是南傳佛教國家，與漢傳佛教有很大的差異。初到異地，慈航禪師敏銳地觀察著與漢傳佛教完全不同傳統的南傳佛教。

經過深入具體的調查，慈航禪師將緬甸佛教的概況訴諸筆墨，或以專題文章、或以來信形式刊登在中國佛教革新派輿論陣地——《海潮音》上。

《緬甸佛教調查記》刊發於《海潮音》第十二卷第十號。

慈航禪師這篇文章主要從服裝、飲食、住宿、工作、團體、民情、經濟、制度、時代等九大方面介紹緬甸佛教，如飲食、制度方面：

> 不飲茶唯喝清水，不自炊唯托缽，不過午食，唯早中兩次，每日七八點鐘時，各人執持應器，知其平日常施之家，過其門不入內，不開言，不斜矚，唯托缽平胸直視而已。
>
> 無比丘尼，唯式叉摩那女，所披之衣無福田相。淡黃色，不能托缽，唯化米不蓄隔日糧。

最後，慈航禪師申明自己寫作這些介紹緬甸南傳佛教文章的用意：

> 唯記者用意，本在華緬雙方對較，互有缺點，雖則民風土及氣候之不同，然欲解決中國將來佛教徹底之危機，恐必須一番新氣象煥然之計，否則隔靴抓癢，終無濟事，竊謂吾國堂堂之大乘佛教，善處固多，若察其民間輕侮，內部獅蟲，實不忍言，聊為記之，作來日輿論界之參考。若徒記其事，而不歸乎宗，則徒勞無益，虛擲光陰，願我祖國留心佛教興革之士，請三注意焉。

經過閩南佛學院的求學及安慶迎江寺的辨學經歷後，日漸成熟的慈航禪師，其心中只有太虛大師所提倡的「佛教革新」理念，他時時刻刻不忘恩師教誨，而且視野開闊，誓願宏深，時時處處留心中國佛教之革新與復興的責任與使命。

龍華寺不遠就是仰光著名的大金塔。

一日，慈航禪師前去朝拜大金塔，在郊外竟然發現有一部供奉於藏經樓上的漢傳佛教大藏經！

「這部藏經是由曾雙同、曾仰生二位兄弟發心供奉的。」那裡的居士介紹說：「說起來也很有歷史了，據說是清末時候一位叫明寬的法師從慈禧太后處請來的藏經，全部大藏經一共七百一十九套，七千餘卷。可是很少有人關心這部大藏經，它只能當作古董啦，供大家參觀、禮拜。」

說到此，居士們對來仰光的中國僧人略帶鄙夷。原來當時很多來仰光的中國僧人基本上不是來弘法的。

據《海潮音》第十八卷第七號《從限制僧侶赴印緬說起》，當時中國外交部據仰光領事館呈稱：

中國各省寺廟住持等，亦多聞名而來，除少數純為朝塔及研究教義者外，多數

▲緬甸仰光大金塔

趁機到處募化，非但不能獲得良好成績，反而遭人鄙視。最近迭有中國僧侶，由國內沿路募化，行抵仰光，因習俗之不同，華僑商業之不振，以致募化無從，進既不能，退亦不可，窘迫困難，狀殊可憫。

而慈航禪師與眾不同！他要做異國的三藏法師！

面對這樣完整的一套漢文大藏經，慈航禪師很堅定地說：「我有意在這裡禮誦三藏，並研究之、弘揚之！」

對於禪師的發心，居士們深感震驚，說：「法師如果真的能夠深入經藏，以後就可以為我們講經啦！我們願意在大金塔附近為您建立一座新的藏經樓！」

就這樣，慈航禪師開始了在仰光的閱藏生活，新的藏經樓也因此而建成。

在仰光的靜居閱藏生活，既艱辛又充實。慈航禪師曾寫下十首詩，以記錄他這段非同尋常的生活：

其一

虛度駒光四十春，蹉跎歲月悔前身。

從今道向無功用，唯讀如來一卷經。

其二

讀經之樂樂如何，口誦心惟細琢磨。
悟到經中無一字，大千塵卷剎那過。

……

其六

朝來課誦有餘時，一句觀音念念持。
謹把心猿常繫鎖，莫教意馬亂奔馳。

其七

荒園野宿暫棲身，數子相隨伴讀經。
每至黃昏燈亮後，各持經論案前聽。

……

13

成立仰光中國佛學會

仰光新的藏經樓之興建，成於慈航禪師的閱藏，他在閱藏過程中，還為當地信眾們講經，隨緣說法。

慈航禪師說：

緬甸這個地方，自從孔雀王朝的阿育王發心布教，把佛化廣被到這塊荒地以來，佛教便大大地興盛；一直到現在，緬人的信仰可說是普遍的了。

然而默察旅居此地的僑胞，對於佛教信仰的雖很多，但不信仰的卻也不少哩。在信仰的多數人中，又可分作兩部分：一部分是已經發起正信，都已懇切至誠的皈依三寶；一部分是信疑參半，既不徹底，對於佛化新運動，當然又不會熱烈參加。

至於那些不信仰的人，誤以為佛教是反科學的，是迷信的，因而誹謗三寶，強不知以為知，隨處可以見到。這是末法時候的預告，也可不必深怪。

▲仰光

為什麼我們僑胞對於佛教還有很多不能領會的呢？這沒有別的，我以為應歸咎於佛教徒自家宣傳不夠；因為很多負責宣傳的人，不能跟著時代跑，自然事事要落人後了。

要知現代的人，因為受著經濟不良的影響，終日垂頭喪氣，心裡填滿了煩悶懊惱，對於人生問題，渴望著要求解決；若宣傳的人，不曉得適應時代，不懂得用善巧方便幫著他們去求一安身立命的所在，他們當然對佛教要掉頭不顧了。

因為有了慈航禪師的宣揚佛法，當地的信眾對於中國佛教有了更多的瞭解，也加深了佛法的信仰。在慈航禪師座下皈依的佛教弟子也逐漸增多了。

有鑑於此，民國二十二年（一九三五）五月二日暨四月初八佛誕日，慈航禪師聯絡居士丘宏傳、陳宏宣、曾大聰、陳善樂等在仰光成立中國佛學會，由其擔任導師，組織信眾開展定期演講活動，弘揚佛法。「中國佛學會」五字由福州籍的「中華民國國民政府主席」林森題寫。

中國佛學會的《本會籌備經過情形》介紹成立的因緣，特別提及仰光大藏經的發現：

佛教比年在國內的蓬勃，處處現風起雲湧的現象，緬甸雖稱佛國，因言語習俗的隔礙，頗難引動華人的信仰，大乘佛法，更寂然無聞。自慈航法師到仰禮塔以後，駐錫豹兔中華大藏經處閱經，時演大乘妙法，因聽而悟而信而皈依者日見其多。咸稱佛法，不僅適應人生，實足解救時代沉痾，矧得大師善運蓮舌，深能發人猛醒。若得有系統的弘揚，裨益於人群極大，於是有組織佛學會之議焉。

慈航禪師在中國佛學會的演講，後經眾居士收集整理出版為《仰光中國佛學會通俗演講錄》，廣為流通。在序中，慈航禪師說：

佛教，說它是文化教育也可，說它是宗教也可，說它是哲學更可。因為佛教本來就帶有文化、教育、宗教、哲學的性質，這是不可諱言的事實。但是，你不可呆板地叫它是宗教，是……是什麼，這就不是佛法的真意義了。

在毗梨耶室主所著的《佛學融攝一切學》裡面，說得非常清楚透徹。他說佛教不但是文化、教育、宗教、哲學，就是說佛教是政治、法律、軍警、科學也無不可以。……

《仰光中國佛學會通俗演講錄》問世，這裡面所發的言論、思想，都是拯救時弊的。讀了這部演講錄的人，一方面可以知道佛教究竟是個什麼東西，一方面也可以知道仰光佛學會工作實際的情形。

關於仰光中國佛學會的籌備經過，當時各種佛教刊物，如《佛學半月刊》等都有報導。其經過具體如下：

二十二年（一九三三）四月十六日在陳園召開第一次發起人會議，商議組織仰光中國佛學會之必要性，決議以本日列席會議者為籌備委員，推選王覓真居士負責起草本會簡章，於下星期日在陳園召開推舉董事會。此日列席會議者有：林拯、葉宏經、林宏典、王宏法、曾梵音、林妙音、周慧因、林宏律、陳清德、陳秀蓮、邱妙法、陳富鎮、李希超、陳妙聲、林亦男、林妙色、林昌佛、陳美玉、陳治姊、曾美珠。

二十二年（一九三三）四月二十三日在陳園召開第二次推舉常務董事會，列席者包括慈航禪師等五十餘人。

會議通過臨時簡章，推舉董事，決定本會會名為「仰光中國佛學會」，會址暫時設在豹兔中華大教佛藏經處（筆者按：應為「中華佛教大藏經處」，此處原文如此），決議於四月初八日（西曆五月二日）舉行成立典禮。

仰光中國佛學會簡章共十四條，其中第六條《學務》規定：「本會學務應行下列各項：

一、研究佛學；二、定期講經；三、義務夜學。」第七條《會務》規定：「一、發行刊物；二、流通佛經；三、慈善各事。」第八條《導師》規定：「本會由董事團延請高僧碩德為本會導師指導一切進行事宜。」

佛學會還延請法師教授三藏，演講佛法，並推舉總務負責弘法、文牘工作，校務負責會計等，幹事負責圖書、宣傳等工作，職責分明。

二十二年（一九三三）四月三十日在陳園召開第三次推舉常務董事會，列席者五十三人，推舉職員十二人。

二十二年（一九三三）五月二日在豹兔中華佛教大藏經處召開成立大會。慈航禪師在大會上以學會導師的身分作了題為《對於仰光中國佛學名義之略釋》的演講，並希望「種田的農夫、做工的工人、做生意的商家、求學問的學人皆來學佛，以至男女老幼全世界的人一齊學佛」。

當時成立大會的會場布置圖頗為詳盡，一切如法如律布置，足見當時慈航禪師諸人的嚴謹與恭敬。

仰光中國佛學會成立之後，以慈航禪師為主導，學會開展了很多弘法活動。

在文化與教育方面，從《本會學務一覽表》來看，當時佛學會每週有不同的活動安排，週一至週五下午有專人講論藏典籍，週六講經，周日念佛等，所有課目包括經律論三藏，如《法華經》、《楞嚴經》、《華嚴經》乃至《解深密經》《楞伽經》、《因明論》、《成唯識論》等，也有佛教史學、佛教義理學的課程。

世音法師在《慈師與緬甸佛教》一文中回憶說：

一九三三年仰光中國佛學會成立，佛學的宣傳更加擴大：每週舉行露天講演，有時舉行講經大會，開辦佛經流通處，儘量介紹上海佛學書局及佛教居士林以及各地出版的各種經書刊物，每月出版的定期月刊。一九三五年仰光中國佛學會青年會亦成立了。在這期間，很多國內的高僧來仰朝拜大金塔，事後亦由佛學會之聘請，與僑胞廣結法緣。當時的佛教盛況，堪為稀有。

實際上，仰光中國佛學會最吸引人的應是它的《宣言》，提倡「慈悲博愛的精神、大同互助的主義」，這在異國他鄉，無疑給離家的遊子們注入了家的溫情！

加入學會的條件也是鼓舞人心的：「要發出大慈大悲的心腸來度人度世；要鼓起大雄大力的精神去救國救民；要解決人生的痛苦決定要研究佛學；要提倡道德文化去指導社會的一

切；要提倡精神文明去補救物質的不足；要得正確的人生觀應瞭解佛理；要達到平等大同請先化除私見；要犧牲自我的決心為社會排難解紛；要聯絡各慈善團體共同努力；要團結佛陀真信徒共行救世。」

有了完善的佛學會組織，仰光的華人得以系統學習佛學，當時有很多人因此皈依三寶或選擇出家。

在《慈航特刊》中，佛學會的學子們以親身的經歷講述了自己學佛的過程，或分享自己學佛的心得。如覺性法師在《我學佛的因緣》一文中述及學佛的因緣：

我雖也跟著禮佛念經，但對於佛的宗旨還不瞭解，記得去年八月間曾請慈航師父來我家裡講經，聽的人除我一家外，還有許多親友。此時我就懂得了人生，有生老病死別離、求不得、怨憎會、五陰熾盛各種苦，可以說是種了今日學佛的因緣。

在慈善事業方面，仰光中國佛學會也舉辦了各種募捐、賑災活動。據《威音》雜誌《海外之部：仰光中國佛學會為祖國籌賑》報導，仰光中國佛學會積極為祖國籌賑。

總之，慈航禪師在仰光的弘化成果頗豐。世音法師在《慈師與緬甸佛教》一文中總結慈航禪師對緬甸佛教發展的影響：「中國佛學，在緬甸發揚的歷史，雖說已經有幾十年，可是真正的能夠給緬華佛教徒正確深入，認識佛學教理，排除一切迷信行為，真誠體會到佛陀真諦的，要算是在慈航法師來仰光以後！」一九三四年的《人海燈》雜誌上也刊登一則題為《仰光中國佛學會宣傳成績驚人》的消息。年前，筆者專程赴緬朝禮慈航菩薩在緬駐錫遺跡，見藏經樓等尚存，甚是歡喜。只是很遺憾的是，漢傳佛教龍華寺已被改為南傳佛教寺院。

14 佛教與國家

慈航禪師在仰光還積極開展通俗演講，逐漸形成自己的弘法風格。他曾數次宣講佛法與國家之關係，啟發民智，宣揚佛法在救世救民方面的意義和作用。慈航禪師說：「慈航到仰光來了三年，平日以疏懶的緣故，閉居豹兔閱經，很少外出，所以與諸君極少把晤。今日有緣，得與諸君聚會一堂，而且來講佛法，這在慈航實不勝引為喜慰。」

接著他介紹本次講說的主題是《佛教與民國》，他說：「本題是《佛教與民國》。要用什麼因緣來建立呢？這個年頭，既號民國，自然事事要維新的，何以把二千餘年的佛教，和民國聯為一起呢？這是要待於解釋的。

民國立，與神治、天治迥然不聯同。孫中山先生以『三民主義』，創立民國，而『三民主義』則具有自由、平等、博愛三義。然而中國非不自由，實過於自由；以過於自由故，遂造成越軌行為與自私自利，其誤在未能達到普遍合法之真自由。欲達到此目的，必須放棄個人自由，以求眾人之自由；犧牲家族之自由，以求社會之自由；犧牲宗族之自由，以求國家之自由。人民既自由矣，進而言平等。神治、天治時代，唯神與天為無上權威，神與天之下，人民不足與言平等；今言民治制度，已無無上權威之可言，萬民地位出發點，均以平等精神為依歸。博愛精神在乎個人，能推愛己之心，以及於人。故民國的精神，在人民要以覺悟的本性覺悟起來，才有真自由、真平等、真博愛，是與佛教之眾生皆有佛性，皆能成佛之平等精神同。主義既同，則佛教與民國的精神，固相吻合。民國之自由在精神，佛教視色身世法為緣生，唯心為自由，二者亦同。民國之博愛主義，與佛教之慈悲為本，二者尤同。故佛教與民國之關係，可以兩相契合而不相離。

佛教根本即智慧、慈悲、精進，與孫先生立國精神在智、仁、勇，亦相同也。」

而對於佛教與國法之關係，慈航禪師說：「國法者，乃治世之法也；佛法者，乃救世之法也。非國法難以治世，非佛法無以救世；國不治則不成國，國不救則同歸於盡，二者相倚不可相離明矣。

故吾所謂『佛法與國法』，『與』之一字，正含有連帶關係；吾人若加以判別，自當明瞭也。若能依聲聞之四諦（知苦、斷集、慕滅、修道），緣覺之十二因緣，了知無明為生老

病死之源，則無明滅，生老病死亦滅。從此依四諦，推自及他，發四宏誓願，所謂『眾生無邊誓願度，煩惱無盡誓願斷；法門無量誓願學，佛道無上誓願成』。廣修六度，勤行四攝（佈施、愛語、利行、同事），則成佛度生，必能達到目的。」

再次是佛教與民治，慈航禪師說：「在這裡我們的確極力推崇『自治』，可是談何容易？自治的始基在於個人的自覺，要先有自覺，然後才能自治；由自治以進於民治、眾治，這是三位一體的說法。我以為佛陀覺行圓滿，是個頂有自覺的人，故言自治者，要以佛陀為師。這是自治和佛教有密切的關係，不容忽略的。

有人以為『佛陀是神明』，便陷於從前神治或天治的謬誤了！殊不知佛教是最平民化的，是講自覺、覺他、覺行圓滿等教理的。由先覺覺後覺的教理來說，全中國的人，倘能以佛陀為先覺，而努力求覺行圓滿的精進，必有裨於民治之實現無疑。何以故？自覺自治之基礎既立，即眾治由是完成故。」

慈航禪師在仰光的民眾宣傳獲得了太虛大師的肯定，大師所作《釋慈航救國方案序》說：「慈航蓋一熱腸古道、魁奇磊落之人也！昔嘗從余問學閩南院，旋就任安慶迎江寺方丈，以精進遭俗忌，去而至南洋印度，於仰光大得人信仰。」

15

大金塔放光

中華佛教大藏經處（內附設佛學研究社）是慈航禪師與眾人在仰光研經上課之處，院門正對著著名的大金塔。

一日，將搖鈴上課時，忽然院外人聲鼎沸，慈航禪師與眾人急忙趕出院門，得見大金塔頂吐金光的奇蹟！

為此，慈航禪師欣然寫下了《緬甸金塔放光記》以記其

大金塔

靈異：

世界著名之浮圖，首稱埃及。然莊嚴靈異，令人信奉者，以緬甸最勝。相傳釋尊真身發塔，其高八十餘丈，寬則圍繞一匝餘。上下全身，純是赤金。有四門，若宮殿然，內供釋迦像，白玉者、赤金者、紫銅者，大小不一。每日香花供養，燦爛美觀，誠嘉會矣！猶有勝者，四維小塔有高一二丈者，或四五丈者，其間佛像甚多，相傳一佛一拜，朝夕不停，三年未知能畢。中道圍一白石階，以為禮塔交通之便。最勝者塔頂，上有葫蘆，並懸佛旗，七寶莊飾，價值無量。因去歲地震，取下重安。航等正值其時，故得親睹。禮拜之徒，若僧若俗，類如潮湧，蓋地正居支那、印度、暹羅、錫蘭、馬來等處之中心，八方交通之孔道。近歸英人所屬，知緬人以此塔奉為至寶，故維護甚力。不意本年國曆六月四日，黃昏七點鐘時（即廢曆四月二十日），大放光明！余等所居之地，係中華佛教大藏經處，內附佛學研究社，其院門正對金塔。將搖鈴上課時，一時人聲潮湧，喧嘩不一，余忙出院門，見塔頂吐光。初吐時，若佛像項光，周圍有輪，其光之形容如吐氣，陣陣蟠旋空中，如雲如蓋，如華如幢，五光十色，難以名狀，數小時方止。院中數十子，有膜拜者，長跪者，合掌者，讚歎者，稱念聖號者，甚至於燒香散花、陳設食器，鳴鐘、擊磬，踴躍歡喜，忙亂非常。遠望天色如漆，惟明星數點而已，一時欣喜交集！念末法之際，顯斯靈異，親能一睹，以為百千萬劫難遭之事，故為之記，以供海內諸君子，共獲法樂，同臻真信！

16

金山活佛

民國二十四年（一九三五）的一天，仰光十方觀音寺車水馬龍，他們都是趕來祭悼一位漢傳佛教僧人。

整個儀式由當地華僑領袖陳慶雲、林葆華等負責，據說參加送葬的人有兩三萬人之多，大小汽車有一千多輛，除中國人外，還有緬甸人、印度人，可謂是盛況空前。

這位圓寂的僧人人稱金山活佛。

金山活佛，法名覺棟，號妙善，俗名曲潛久，陝西終南人。據說他「活佛」的稱號是從一九一九年之後，因為某位活佛在鎮江弘法引發了一股歡迎活佛的浪潮，待活佛離開之後，大家對活佛行止的「平易無奇」深感失望，而金山妙善法師行為怪異，時常有神蹟現示，遂以為「金山的那個和尚才是真正的活佛哩」，因此得了「金山活佛」的尊號。

當時金山活佛與慈航禪師都居住在龍華寺，二人有所交往，但弘化的方式完全不同。

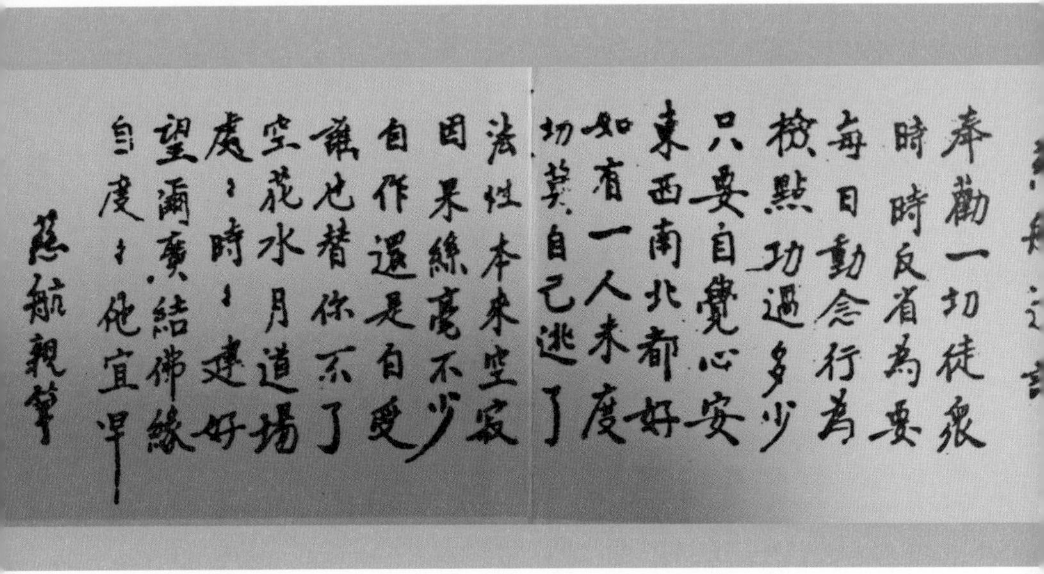
奉勸一切徒眾
時時反省為要
每日動念行為
檢點功過多少
只要自覺心安
東西南北都好
如有一人來度
切莫自己逃了
法性本來空寂
因果絲毫不少
自作還是自受
誰也替你不了
空花水月道場
處處時時建好
望爾廣結佛緣
自度度他宜早
慈航親筆

金山活佛不上殿，也不過堂，只是吃剩飯、鍋水、西瓜皮、花生殼、草紙等，什麼東西都吃，旁人不能吃的他都可以吃，吃了也不見會怎麼樣。除拜佛以外，活佛還要念佛靜坐，夜間不睡。各地華僑弟子前去頂禮請求開示，他都勸人念佛，諸惡莫作，眾善奉行。

據說，皈依活佛的華僑弟子特別多，單仰光一地就有幾千人。

慈航禪師則不同。當時龍華寺裡有石候頭陀、萬惠法師任住持，源慧師做當家，共住僧眾四十多人，每日叢林中例行的朝暮功課都不缺。慈航禪師在寺中擔任講師，主要是講經弘法。

金山活佛在仰光也是以其神異的言行舉動而著稱。據《威音》雜誌報導，慈航禪師主持的仰光中國佛學會曾對外徵集金山活佛妙善法師的事蹟。

善歸法師曾經在仰光親近過金山活佛，他回憶活佛的趣事說：「他住在緬甸瓦城無憂寺，距離仰光很遠，不過每年都有數次去大金塔看看活佛的機會，或住上幾天，每次活佛見到我都是搶先拜下去，我們互相拜過以後，活佛很熱忱地握著我的手，他問我每天做些什麼功課，每天靜坐多少時間，我告訴他，一天可以靜坐四小時，活佛要我和他一樣，每天日夜不要睡，因為活佛是不倒單的，夜間也是念佛靜坐不睡。他也要我不過堂，也學他吃剩飯、鍋水、香蕉皮，他要我不上殿，學他一樣禮佛，並且拉著我和他一起拜。」

煮雲法師《金山活佛》記載，活佛在仰光顯過幾次神通：「當活佛初來緬甸，因為緬甸氣候特別熱，住在緬甸的人，每天都要『沖涼』（就是用冷水澆頭），有一天活佛站在龍華寺的井邊『沖涼』，他把褲子脫下來放在井欄上，真是奇巧，這時來了一陣大風，把活佛僅有的一條褲子吹到井裡去了，龍華寺裡的人全都出動，幫忙撈了好半天，結果還是沒有撈起來。」

「說起來也很可憐，活佛是冬夏一衲，褲子也只有隨身一條，真正是衣服無二件，褲子無二條，弄得堂堂的活佛，要打燈籠了（只穿長衫不穿褲子），還是同住的一位老法師，好心慨然佈施一條褲子給活佛穿上，他接過褲子說：『這條褲子算我向你借穿一兩天好了，不好送給我，井裡的那條褲子，我相信它過一兩天在井裡洗好澡，會自動地爬上來的。』說得大家大笑不止。大家都認為褲子掉到井裡，經過多少人撈都撈不到，哪裡有自己爬上來的道理？可是說也奇怪，過了兩天，有人在井上打水，那條褲子，竟隨著水桶拉上來了。因此，大家認為這是活佛玩弄的一點小神通。」

金山活佛圓寂後，按照漢傳佛教的傳統，荼毗之際特意禮請慈航禪師為其舉火說法。金山活佛火化之後，撿出大大小小很多舍利，各地信徒紛紛迎請供養，一部分仍暗藏在觀音寺骨塔中。據說活佛有部分骨頭完整無缺，一位仰光在家弟子悄悄偷去塑了一尊佛像供養。

慈航禪師後來帶回金山活佛舍利子六顆，其中一顆贈送金山寺太滄老和尚，自己也留了一顆，另在鎮江金山寺也供養了兩顆，其它的就不知下落了。

東初法師在其《中國佛教近代史》中讚揚慈航禪師與金山活佛說：

妙善與慈航，兩位生前舉動卻有點類似，由於他們行動異於常人，一個是無垢無淨，一個是一物不蓄；一個是舍利分身，一個是肉身留世；前者尊稱為活佛，後者尊稱為菩薩。因有不可思議的法，才有不可思議的僧。人能弘道，非道弘人，誠不虛也。

17

廣九火車上的辯論

廣九火車上，一位黃衣僧人與一班乘客激烈地爭論著。

這位黃衣僧人身材魁梧，僧裝的樣式也不是中國常見的，不免引起很多人的圍觀。

「誰說佛教是消極的呢！」那位黃衣僧憤怒地說。

「基督教就是積極，你們佛教最消極！」那位乘客明顯不甘示弱：「基督教辦了多少醫院、學校，這個不需要我來說明了吧？……你們佛教呢，僧人沒有幹活，無職業，整天就是給人『送死』，如果年輕人都學了你們去出家，無所事事，又不能結婚生子，我們的民族、國家不就完了嗎？……」

旁邊眾多的看客也隨聲附和，有的說佛教如何消極，有說僧眾如何墮落。

「不對！」黃衣僧厲聲說：「人們多以為佛教徒是無職業，整天無事，吃了飯，只是南無阿彌陀佛，對於社會上是毫無利益。這種論調乍聽好像有理，其實不值一駁。

試問凡是佛教徒都是沒有職業的嗎？世間上的職業是什麼？當然是農、工、商、教育、政治、軍警以及其他……試問此等職業之中可有佛教徒沒有？恐怕還占多數……，誰也知道他們是信佛學佛，並且是真正佛教徒，弘揚佛法去覺世覺民的大菩薩。你難道說他們這班軍政黨學大偉人，都是沒有職業的嗎？

至於僧徒學成了的，能宣傳講學者，等於教員；未學成的，在修養研究時期者，等於學生。你說僧徒講學和修學是沒有職業，這等於說『教員、學生』沒有職業是一樣荒謬！佛教徒不會亡國滅種。你們看看，印度由於異教興起，佛教衰亡，所以亡國；日本朝野上下信奉佛教，所以興起。救國必要救心，心理革命，是革命之基礎。今日中國的國民，急切需要治心病的補劑，必須灌輸佛法的『維他命』，才能挽救人心，完成國民革命。

現今這個世界，唯有改造人心才可以謀世界和平。如不根絕人類罪惡的心理，建立人類良善的心理，要得世界和平、人類安寧，那真如緣木求魚了。因此，佛法是救世之光！

世界的不安，社會的紊亂，皆因亂殺、亂取……所致，要想建設人間淨土，非要從五戒入手不可！一人能實行，則一人得平安；一家能實行，則一家得平安；乃至一村、一鎮、一縣、一省、一國能實行，則皆能得平安；全世界各國皆能奉行五戒，那麼，人間淨土社會的實現也就指日可待了。

一般人總以為消極都是不好，都是退化；積極都是好，都是進化。這種邏輯的斷案，靠得住嗎？恐怕不見得吧。試問消極不去做惡，難道也不是好的嗎？假使積極地去作惡，難道也都是好的嗎？可見向來一般說消極都是不好，積極都是好的人，他的頭腦是沒有請醫師把他洗刷過，否則決定不會這樣糊塗。

要知道，消極有壞也有好，積極有好也有壞。例如消極得什麼事情都懶得去做，那當然是不好，但消極不去做壞事，難道也是不好嗎？積極去做善事固然是好，如果積極地去做惡事，難道也是好的嗎？因此，我的斷案：消極不行善，積極去做惡，都是不好。不然的話，無惡不作的人，反而得到積極的讚譽。希望一般向來頭腦不清醒的人，從此可改弦易調了！」

黃衣僧義正辭嚴，不禁令眾人刮目相看。原先一直攻擊佛教的那位乘客知道棋逢高手，也改變了自己的口風，說：「那佛教還是有希望的嗎？」

「當然，關鍵看佛教徒們努力不努力了！」

「好！」眾人一齊為黃衣僧鼓掌。

▲慈航法相

「大師從哪裡來？」
「緬甸仰光。」
「大師怎麼稱呼？」
「慈航。」
……

18 廣州的演講

民國二十四年（一九三五），慈航禪師從緬甸仰光回國。是年秋，經香港到達廣州。

慈航禪師身著黃色的袈裟出現在廣州，是應廣州佛學會的邀請前去講演。當時由法航法師擔任翻譯，梁光廷居士和莫正熹居士擔任記錄，演講持續十多天。

又有覺苑的人，請他去講演，大概講了幾天後，他又席不暇暖，跑到桐城、常州去講演了。

民國二十五年（一九三六），慈航禪師再次應邀在覺苑宣講《八宗勝義》、《因明》、《唯識三十頌》、《八識規矩頌》等。此次廣州之行一直到民國二十六年（一九三七）農曆四月才結束。

後來，有居士把慈航禪師在廣州、桐城、常州三地的演講稿印成了小冊子，題名為《慈航禪師演講錄》。

慈航禪師在覺苑的演講令人印象深刻。

那一次，忽然有十多個穿著青色袈裟的尼姑，到覺苑隨喜，她們坐在右邊第一排的座位。從前廣州的尼庵裡面出了個別佛門的敗類，但是佛教界的大德法師們很少有因緣可以和她們說說法，以使得她們能夠痛改前非。

對此，慈航禪師也早有耳聞，發現她們在座聽講，他立刻改變了方式，說當今佛教陵夷，佛門衰敗，無量眾生陷入生死輪回，失去了照路的明燈。慈航禪師說完，不覺痛哭流涕，哽咽不能發言。

當時莫正熹居士負責從旁記錄，見到慈航禪師如此動情地演講，也丟下一大把眼淚，結果弄得全場啜泣，那些尼僧個個都掏出了手帕來拭淚。

還有一次，同樣是在覺苑，有些人聽經，心不在焉。

慈航禪師幾個月間已經把《圓覺》、《楞嚴》、《八識規矩頌》都講完了。那一天，他開首說完幾句話之後，忽然要把各人的書，都收拾起來，大家面面相覷，不知所措。

「今天我不再講了，只要求大家將《圓覺》、《楞嚴》、《八識規矩頌》一起來背背。」慈航禪師說。

他剛說完，底下立刻就騷動起來，有些人在抱怨說：「怎麼可能，就這麼幾天怎麼能背誦？！」

也有人恨不得趕緊逃走。

最後還好有一位居士主動站了起來，開始背誦，打破大家的沉寂與尷尬。他當然也得到了慈航禪師的稱讚，而其餘的人此後來聽慈航禪師講經，再也不敢三心二意了。

慈航禪師還應邀去廣州第一監獄為服刑期的犯人們演講佛法，題為《四大希望》。

當時廣州菩提林敬禪法師也在場，他是慈航禪師此次演講的牽線人。

敬禪法師首先介紹演講的因緣說：「現在是新年，恭祝各位得大解脫！從心理上建設圓滿而和善的人間，然心理如何方可達到和善圓滿？當然必賴乎示我以正道之導者。慈航法師各臘在省講經，頗飽人士以法味，旋因應韶州佛學會之講，今正方返，現敬禪恭請講演佛學於菩提林。法師因不能在省久住，須往無錫太湖弘法，特抽暇來此，與諸位談談，此種難逢勝緣，諸君幸毋忽視！」

接著慈航禪師開始演講正題。他演講了幾個「希望」：第一為「脫苦希望」，慈航禪師說：

慈航今天祝諸君離苦，非僅祝諸君脫牢獄苦，乃願諸君永脫地獄餓鬼畜生乃至三界眾苦。諸君！人身難得，佛法難聞。昔釋迦牟尼佛在世，有天人福盡，用過去報得神通力，知將墮畜生，憂極。其旁另一天人勸其扶病皈依世尊，「南無」二字方出口，即已命終；以此二字之力，旋復生天。可見一念回心向善，功德無量！今諸君已皈依三寶者，則願此後努力念佛，行善。未皈依者，今後當皈依敬禪法師（時在廣州菩提林）。皈依三寶，努力善行，勤持佛號。所謂「苦海無邊，回頭是岸」。

第二為「得樂希望」，第三為「做人希望」，慈航禪師說：

果欲希望作一人格完整之人，當認清下列三點：生活問題、倫理問題、精神問題。

今欲作一個有人格之人，必須明瞭我個人與國家之關係，盡我之心，竭我之力，作一分之貢獻，方有我個人一分生活之代價。一人如此，一家如此，一國如此，則一國之生活安；推及於全世界，則世界安。如壘磚成牆，一個二個，雖不見有何力量，然離開一個二個之外，又何能成為牆？牆成而取去一個二個，雖不見大損，然使全牆如此，牆仍能存在乎？此所以生活問題之解決，必自各個國人認清其自身之責任始。

欲得社會間相互之安全，必須人人具有禮義廉恥之德育。知此德育，乃我個人生活安全之應負責任，非他人之所強迫，然後父慈子孝兄友弟恭夫愛婦順，乃至應世接物必以仁德為歸。進而深思寄此世間，暫時假聚，如大劇場；生老病死，是大苦聚。轉眼生離死別，彼此互相哀憐之不暇，更何有爭端而起？若然，則禮義廉恥等之德育，日益現前，倫理自教矣。……

慈航禪師的演講通俗易懂，而且句句都深入人心。據說監獄中許多頑固不化的犯人也因此受到感動，至此洗心革面，重新做人。

19

拜訪弘一大師

▲弘一大師畫像

慈航禪師曾說：「我非親炙弘師，乃私淑他的人。」他對弘一大師有著無限的敬仰！

此次回國，慈航禪師途經廈門，順道探訪了母校閩南佛學院，終於能夠有緣得見弘一大師一面。

事情經過是這樣的。

那天，慈航禪師到達南普陀寺，接待他的是廣普法師。經由廣普法師的引薦，在南普陀寺功德樓拜見了弘一大師，仰其道貌威嚴，似蒼松古柏，慈祥又如彌勒菩薩，相見甚歡。

當時弘一大師將為閩南佛學院的師生演講比丘戒相，慈航禪師得此消息不勝歡喜，約好一定參加此次盛會。

不過，慈航禪師返回上海後，因故又不能來廈門出席法會了。弘一大師卻記著此約，託廣普法師寄信通知慈航禪師前來參加。

大師對後學的愛護，真是無微不至，令人感動。

慈航禪師曾有紀念弘一大師之作，其述弘一大師生平事蹟說：

李叔同先生（原注：弘一律師），係中國有名之漫畫家豐子愷先生之座師，亦即中國有名之文哲學家夏丏尊先生之摯友；未出家時曾於蘇浙各學校掌教，一般時人嘗稱之書畫音樂大家；又在北京曾演過茶花女名劇，其多才多藝由此可見！不知何緣而走入佛門出家，真奇事也！

出家後非但律己，並兼化人，即夏丏尊及豐子愷二先生之信佛，都是受了他的影響。

近代佛教嘗稱有六大泰斗：虛雲老和尚為禪宗泰斗，印光老法師為淨土宗泰斗，諦閑老法師為天臺宗泰斗，月霞老法師為賢首宗泰斗，太虛大師為唯識宗泰斗，而弘一律師尊為律宗泰斗。

最可怪者，其他宗師，各有傳承，唯律學一宗，如道宣、蕅益、弘一、慈舟諸師，皆一人唱獨角戲。可見戒學一門，為佛教徒之至要，又為佛教徒之最難履行者。

正是有感於律學的重要性以及弘一大師的影響，慈航禪師也主張佛教的律儀化，他說：

佛教的制度，本來是最注重律儀，即現今之錫蘭、緬甸、暹羅之僧伽，猶秉佛制。一傳至中國、日本之後，一則因氣候之關係，再則因國情之演變，勢至今日，愈變愈遠；甚至而不敢提倡律儀者，偶或談之，以為人懷恨而成為眾矢之的。佛教至此，已離法滅不遠，凡有報佛恩之思想者，莫不痛心流淚！

其補救之法，提倡在家學佛，嚴格僧伽出家。今試作一建議，以作改良佛教者參考。

對此，他提出了六條改革的具體建議：

（一）**年齡**：在五十歲以上，已過兵役時期，故出家後再不必荷槍殺人，違犯佛戒。

（二）**學業**：既在五十歲以上者，據現時教育發達，大多數人均已受過大學教育，則人才國家已代佛教培植好，不必在佛教中由幼年出家者而栽培小學、中學、而大學。

不言可知。

（三）**職業**：既受大學教育者，畢業後，一定在軍政學各界服務，其經驗豐富，不言可知。

（四）**五欲**：在五十歲以上者，則在青年時期，五欲已受過，世間酸甜苦辣，已經飽嘗，娶妻生子，不過如是。且五十歲以後出家者，必另有其一番志願。

（五）**信佛**：今後出家者，最好由正信居士而轉為比丘，蓋在求學及服務時期，對於佛教早有深刻認識。不但已受三皈，持五戒，且在佛教團體中兼做護法工作；對於佛教普通教義，早已多見多聞，通達明理了。

（六）**資格**：在佛教中有這樣的正信居士來發心出家，護持正法，得佛教中大多數人贊成，我以為這種人來出家，在佛教中只有百利，而無一害；遠則弘一法師，近則律航法師，可為一證。其年齡已過兵役，其學識已受大學，其服務已有經驗，其五欲已受飽嘗，其信佛已奠基礎，其資格已得眾人贊許。此等人出家，決非從前一般人之動機——或因病致，或因貧乏，或因孤獨，或因失意。出家後則必精研三藏，工具已足，看破世情，道心大發，為護正法，努力宣傳；在本身，在佛教，在人民，都有莫大利益。例如臺中李炳南居士如出家為比丘，則佛教中四眾佛子，必至全體舉手贊成，故建設律儀化的佛教，此其六。

憑藉他遊訪緬甸、斯里蘭卡等南傳佛教國家的豐富閱歷，慈航禪師曾立下志願，要在中國國內試行南傳佛教僧伽制度，他說：

意欲回國時，或在香港，或住家鄉，據一山寺，招集律學同志，專研律藏，穿黃服，執應器，手不執錢，過午不食，一切律儀全合南方佛教僧伽制度，我行我素，誹譽任人。

凡有志同道合者，萬眾不為多，一人不為少，開中國佛教千餘年來之紀元，此身不死，斯願常存，雖屬夢想，確係成佛之正因，我深深相信，欲冀中國佛教大興，非弘揚佛陀律藏不為功！

如果說我的主張是開倒車，當有明眼者鑒，將來若見其事實，方信我言之不謬。

據說，慈航禪師從印度、緬甸回國後，太虛大師曾囑託他在南京郊外的護國寺召集五六同志，專持小乘戒律即手不持錢、過午不食等，且托缽乞食，並指定了福建的宏宣法師、河北的法航法師為慈航禪師的左右伴侶。可是後來因為法航法師圓寂，宏宣法師另入他途，此事不了了之。

20
南北傳佛教交流的先驅

▲慈航菩薩南傳著裝法相

慈航禪師曾說：「我贊成東初法師所講的：今後中國佛教的僧徒應採取中國佛教的禪體和南傳佛教的戒相、日本佛教的慧用——教育，三位一體，互相為用。也就是戒定慧的三無漏學，推行到民間每一個角落裡面去，使人人得到佛法的利益。」

慈航禪師深信今後的佛教是世界性的，因此注重佛教弘法的國際化。

他作為弘化南洋的健將、漢傳佛教國際化的踐行者而被當世諸公一致推崇。董正之曾談及時人的公議說：「法舫法師當時特別推崇慈老是到南洋各地宣化的理想領導者，因為慈老前在南洋駐錫最久，南洋各處皈依弟子眾多，並曾隨太虛大師一行在抗戰期間訪問印度。」臺灣印順法師也說：「慈老遊化南洋多年，南洋等於他的第二故鄉，擁有不少真切的信徒。」

相較於北傳佛教，南傳佛教有其鮮明的特色，他們保留了較為接近佛陀時代的僧團制度，注重禪修，形成了完善的禪修理論，並且有完備的《南傳大藏經》等。自近代以來太虛大師著力於人間佛教理論的構建與僧制的改革，宣導各種佛教之間的交流與合作，他曾特別提醒後來者：「吾人所當先注意以大乘佛教弘傳南洋者也。」

慈航禪師時刻銘記恩師之志，在緬甸居住前後達五年之久。他在緬甸仰光組織中國佛學會，創辦各種佛學刊物，還設立中華大藏經處，雖然主要都是針對華人群體，但對於以南傳佛教為主的緬甸人民來說，這無疑為他們打開了一扇瞭解漢傳佛教的重要窗口。

在緬甸生活的幾年中，慈航禪師依據緬甸僧人制度，嚴守比丘淨戒，改換緬僧服飾，實行緬僧生活。回國後，慈航禪師又在太虛大師指示下進行僧制改革試驗。

此外，慈航禪師從緬甸歸國後曾帶回兩部緬甸文《大藏經》，一部贈送武昌世界佛學苑圖書館，一部贈上海佛教居士林。這無疑是南北傳佛教交流中極為重要的事件，因此也被寫入《一九三六年的中國佛教》這份中國佛教年度報告中，發表於當時佛教的重要刊物《海潮音》第十八卷第四號。

需要特別指出的是，此後慈航禪師主持的各種佛教刊物時常發表漢譯南傳佛教經典，著名翻譯大師——法舫法師很多譯作就是在慈航禪師的鼓勵下翻譯並發表的。

總之，慈航禪師可以說是南北傳佛教交流的先驅人物之一。

21
演培法師

歸國後的慈航禪師也受邀前往無錫、常州各地演講。

一九三七年，演培法師由達居同學介紹到無錫的廣福寺去聽慈航禪師講《楞嚴經》。當他到寺拜見了慈航禪師之後，見他彌勒般的面容，對其有著難以形容的良好印象，此後就留在慈航禪師身邊時時請益。

慈航禪師訓練弟子自有一套方法。演培法師回憶說：「親近慈老的，大都知他作風，不管你懂不懂，他要你再講給年老的男女居士聽，這實在是件苦人所難的事，因為自己不怎樣瞭解，怎麼能講給別

▲演培法師法相

人聽？可是他老不談這一套，要你講就得講，不容你推諉的。所以當時對此感到相當苦惱，講不出怎麼辦？違背他老慈命，怎麼說得過去？他老看我有難色，很慈悲地對我說，不要怕講不出，更不要怕講錯，就照你知道的講，沒有什麼困難的。」

有一次，慈航禪師在無錫，演培法師隨侍左右。

當時，武昌佛學院剛好出版芝峰法師的譯著《唯識三十論講話》，慈航禪師得到消息，立刻就去買了幾十本分贈各位同學。這也是他的一貫作風。

眾人領到《唯識三十論講話》之後，強烈要求慈航禪師講解《唯識三十論》，慈航禪師卻說：「大家有這個要求很好，不過，我建議讓演培法師為大家講解。」

演培法師一聽要自己來講解，第一反應自然是拒絕，他說：「法師，我自己尚且不能讀懂，如何為大家開講？」

慈航禪師鼓勵說：「據我所得的經驗，講課對人的學習是最有幫助的，亦最易進步的，現在所有聽眾，都是自己人，就是你講錯了，不會有人怪你，我也在這兒聽，你如真有講得不對的地方，我會隨時為你改正。」

聽到有老師為自己助陣，演培法師也只好硬著頭皮答應下來，然後自己用心去學，將各種著疏認真地讀完，以期對經文有深切的瞭解。

這次講解《唯識三十論》的確讓演培法師深感受益匪淺，內心不禁暗讚慈航禪師的慈悲與方便！

慈航禪師帶著演培法師等青年學僧輾轉無錫、常州各地講經，適逢「七七」盧溝橋事變、「八一三」淞滬抗戰之後，各地局勢甚為緊張。

常州的居士們就對慈航禪師說：「師父！這次中日戰爭，不是短時期所能結束的，戰火可能就要燒到常州來，最好師父率領青年法師，向後方的安全地帶去，而且愈快愈好，遲了恐怕會走不了！」

受到居士們的勸告，一向愛護學僧的慈航禪師遂徵求青年們的意見。大家說：「你老到哪裡，我們跟著到哪裡，其他沒有什麼意見。」

慈航禪師考慮到香港尚未受到日寇的騷擾，較為安全，而且曾經在那裡講經過，自己的徒孫優曇法師等在那裡，也有地方可以安頓學僧，他說：「戰爭既是長期性的，什麼地方安全也很難說，不如先到香港，以後看什麼地方有緣，再到什麼地方去，你們以為如何？」

大家跟隨慈航禪師一路奔往香港，從常州中國佛學會出發，到江蘇鎮江下車。在車上，慈航禪師告訴大家說：「我國現既為民族生死存亡，對日作殊死戰，身為國民的每個人，都應奉獻自己的一切，甚至自己的生命，為國家民族而奮鬥，為爭取自由而戰鬥。

我雖不贊成出家人當兵，到前線去作戰，但參加救護的行列，是亦不違大乘佛教積極入世的精神。如報載上海僧侶救護隊，深入最前線，以最英勇的姿態，實地救護傷患兵工作，是極合乎佛陀的慈悲。

所以在國家需要你們的時候，你們應毫無猶豫地，響應政府的號召……」

演培法師回憶慈航禪師當時帶領大家一路逃難的情形說：「淞滬線上的戰士越來越緊張，鎮江亦累次受到敵機的轟炸，守培長老及超岸寺主，亦都準備下鄉暫避，我們乘船行期亦到，只好忍心地離開超岸寺，走我們逃避敵人的行程。初雖知道局勢嚴重，但還不知嚴重到什麼程度，待我們登上開往漢口的輪船，船上負責人對乘客說：這是在鎮江開出的最後一班輪，以後此輪不再回來載客了。聽到這一宣佈，知道鎮江就將失陷，凡是走得動的人民，勢必皆向大後方去，我們能乘到這班車，可說是最大的幸運，除了感謝三寶的加被，不得不感謝慈老的德意，假定不是慈老帶著我們，我們就要在淪陷區做日本的順民。

船到漢口，一登上岸，就感到漢口已有戰時氣氛，但畢竟離開戰區還遠，因而人們還

▲慶雲寺聖湖

不怎樣緊張。慈老認為此次到武漢，是一種特殊的因緣，以後不知什麼時候再來，要帶我們去巡禮太虛大師創辦的武昌佛學院，因這佛院被當時佛教界，譽為佛教黃埔的最高學府，不去巡禮一番，未免太過可惜！這當然亦是我們所樂意的，因縱不能在該學府學法，但能巡禮一次，亦是人生樂趣，但可惜的，我們到達武昌佛學院，院內冷清得不見一人，原因諸法師已疏散到重慶漢蒙教理院，留守人員亦因事出去，我們巡禮全院後，為人去院空而感到悲傷，因而更加憎恨日寇！

在武漢耽擱兩三日，乘粵漢鐵路車直赴廣州，沿途到處是一片戰時氣象，可知我政府對這次抗日戰爭，不但已有相當的準備，而且要長期地抗戰到底，不達最後勝利不止。我們雖在逃難中，但感到很大的安慰，認為勝利必屬於我，定要使日寇嘗嘗失敗的滋味。廣州有慈老弟子，知我們到的消息，特到車站把我們接到河南覺園安住。原想要請慈老在此講經，以安定戰亂中的人心，哪知萬惡的日寇，滅亡中國的野心很大，而且希望很快地滅亡中國，因而也就到華南來濫施狂作，特別是廣州更被輪番轟炸，要想使我國一舉屈膝，因而未能在廣州普施法雨。」

慈航禪師帶著大家從常州到達了廣州，途中巡禮了武昌佛學院。在廣州因遭到日軍轟炸，大家遂前往香港避難，一路之上都賴有慈航禪師的照顧，這些僧青年們才不至於絕望。

到了香港之後，大家因為有了優曇法師及諸位居士們的幫助，生活漸漸安定下來了。慈航禪師一行人在香港的生活是十分艱辛的。

當時大家基本上是依靠講經維持著生活，特別是慈航禪師，他是大家的頂梁柱。他時常為解決大家的生活問題而奔走，有時甚至很晚才能回來。眾人不免為他的身體健康與安全深感擔憂。而他自己卻不以為然，有時都是一路高聲念佛走回來。

有一次，他一踏入精舍，就對大家說：「今晚你們好好睡，明天一早就要收拾行李，青山梁園園主，請我去講《楞嚴經》，而且要我的常隨眾一起去，生活全由該園供養。」

大家聽了他這樣講，個個興奮得雀躍起來！

22 隨太虛大師訪印度聖雄甘地

慈航禪師在香港一直生活到一九三九年十二月，後離開前往緬甸仰光，應邀加入太虛大師組織的中國佛教國際訪問團。

組織中國佛教國際訪問團的目的如太虛大師的通電電文所述：

太虛等頃因國中文化界之啟發，佛學人士之贊助，及各地佛徒之籲請，爰組織成立本團。將赴緬甸、錫蘭、印度、暹羅等處，朝拜佛教諸勝地，訪問各地佛教領袖，藉以聯絡同教之感情，闡揚我佛之法化。並宣示中國民族為獨立生存與公平正義之奮鬥，佛教徒亦同在團結一致中而努力。因此，佛教愈得全國上下人士之信崇，隨新中國之建成，必將有新佛教之興立，堪以奉慰吾全世界真誠信仰佛教之大眾，洎崇拜讚揚東方道德文化者之喁望！茲者，本團……取道滇緬公路，出發在即，敬布衷誠，佇聞明教！

也就是說，中國佛教國際訪問團主要是為了聯絡東南亞與南亞各佛教國家，以佛教徒的情誼，宣揚中國的抗日政策，揭發日本侵略中國的陰謀。

早在一九三九年九月一日太虛大師即決定組織該團，並且得到政府要員的支持，國民政府主席林森題寫「巨海南針」，蔣介石題寫「悲憫為懷」等贈送。

十一月十日晚，太虛大師在昆明召開新聞發布會，就此次組團出訪回答媒體提問。

十一月十四日，大師偕團員葦舫法師、譯者（緬甸段）陳定謨、侍者王永良開始佛教訪問團之遠行。

太虛大師於一九三九年十一月三十日入緬甸境，受到緬甸各界的熱烈歡迎。

於十二月十四日下午應仰光中國佛學會之邀請，宣講《中國佛教與青年》。大師編集年來之六言詩為《顛海心韻》，由仰光佛學會刊布，以志紀念。

十二月二十四日，慈航禪師與惟幻法師從中國香港抵達緬甸仰光，與大師一行會合。

一九四十年一月九日，太虛大師偕團員葦舫法師、慈航禪師、惟幻法師，侍者王永良，告別中緬友人與信眾，登輪去印度，與印度宗教學者師覺月同舟。師覺月（Prabodh Chandra Bagchi, 1898-1956）是印度著名的漢學家，致力於中印文化交流。

太虛大師與訪問團一行在印度的旅程從一九四十年一月十一日至二月二十一日。慈航禪師隨同太虛大師在印度期間，除去陪同參觀訪問、接待來客之外，有三事值得一提。

第一是這次訪問團活動為慈航禪師再次親近太虛大師提供了很好的機會。太虛大師身為團長，在繁忙的會務之餘，還屢屢召集全體團員一同學習，親自教授，所講有《唯識種子義》、《我的宗教經驗》等。

第二是此間恰逢太虛大師五十壽誕（一月二十五日）。慈航禪師等為大師壽誕誦經祝福，太虛大師特作《菩提場譚院長訪問團員等祝生日書示並序》：

己卯臘月十七夜至十八晨，以余五十歲滿五十一初度，慈航、葦舫、惟幻團員在菩提場供燈唪經，譚雲山院長夫婦率子女在寓供齋，福金羅桑喇嘛與陳忠仕、王永良參祝，余頂禮於金剛座前，乃說偈曰。

我生不辰罹百憂，哀憤所激多愆尤，舍家已久親族絕，所難忘者恩未酬。
每逢母難思我母，我母之母德罕儔！出家入僧緣更廣，師友徒屬痳竹稠。
經歷教難圖救濟，欲整僧制途何修？沉今國土遭殘破，戳辱民胞血淚流！

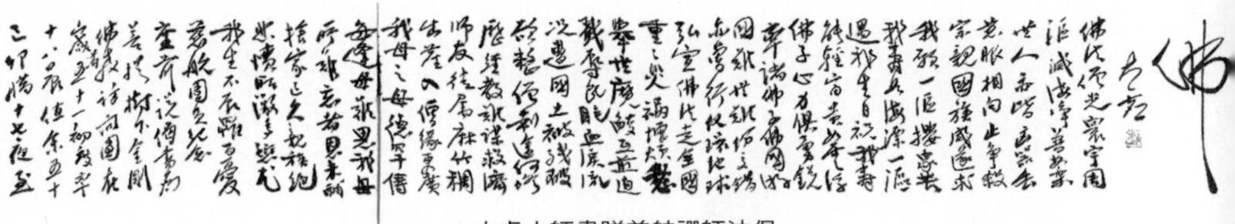

▲太虛大師書贈慈航禪師法偈

舉世魔焰互煎迫，紛紛災禍增煩愁。曾宣佛法走全國，亦曾行化環地球。
國難世難紛交錯，率諸佛子佛國遊。佛子心力俱勇銳，能輕富貴如雲浮。
恂恂儒雅譚居士，中印文化融合謀。遇我生日祝我壽，我壽如海騰一漚。
願令一漚攖眾苦，宗親國族咸遂求！世人亦皆止爭殺，慈眼相向凶器丟！
漚滅海淨普安樂，佛光常照寰宇周。

後來，太虛大師特將此偈書寫成墨寶，致贈慈航禪師以為留念。在墨寶中題注：「己卯臘月十七夜至十八晨，值余五十歲滿五十一歲初度，率佛教訪問團在菩提樹下、金剛座前，說偈書為慈航團員紀念。」

另外，慈航禪師發表《怎樣慶祝太虛大師五十壽誕》一文。

第三是訪問印度聖雄甘地。

莫罕達斯・卡拉姆昌德・甘地（一八六九～一九四八），印度人民反抗英國殖民統治的精神領袖，「非暴力不合作運動」的發起者。一八六九年出生於西印度波爾本達（Porbandar）貴族家庭，年輕時留學英國，攻讀法律，一八九一年取得律師資格回國。一八九四年在南非納塔爾省集結印度僑民投入反對南非當局種族歧視的鬥爭，首次提出「非暴力」口號。印度獨立後，甘地呼籲人民團結一致結束教派流血衝突。一九四八年一月三十日被印度教極右分子開槍暗殺，終年七十九歲。

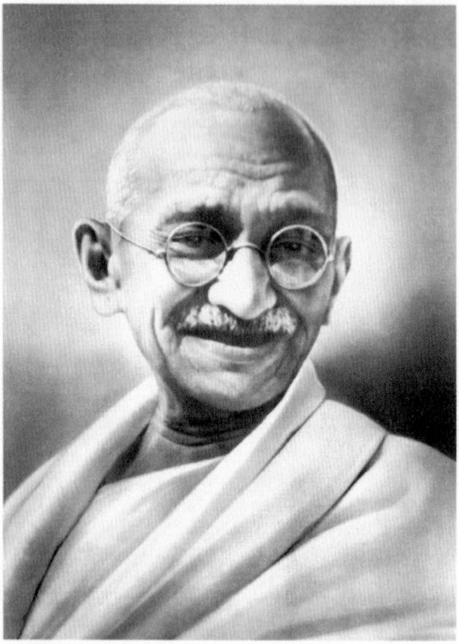
▲印度聖雄甘地

這次訪問，甘地給慈航禪師留下了極其深刻的印象。

慈航禪師盛讚印度甘地的偉業與功德，並希望能出一個「佛教的甘地」，他說：「我常常這樣的想，假定要做一個驚天動地的偉人，知識、膽量、犧牲，三法缺一不可。如果沒有知識，縱然有膽量和犧牲，也不過是一個莽夫，決定不能夠成什麼大事。雖然是有知識，設若沒有膽量，畏首畏尾，顧前顧後，遇到了一件事，總怕做不成，做不好，又怕不能做到底；這樣的人，我也以為他不能成就大事。知識和膽量都有了，但是不能夠犧牲自己，顧住名譽，顧住財產，顧住生命，怕死，怕倒楣；我以為這種人，也只好在家裡吃吃老米飯，還說什麼做大事。惟有智識、膽量、犧牲三樣都能夠做得到，才可算是一個掀天揭地的英才。我說這話，你如果不相信，就拿印度甘地這個人來證明吧。……他的道德、他的慈悲、他的人格，全世界的人沒有哪一個人不知道的，這用不著我再多說了。我最後只有希望出一個『佛教的甘地』。」

一九四〇年二月二十四日訪問團抵達錫蘭可倫坡。三月二十三日離開錫蘭，二十七日抵達新加坡，駐錫龍山寺。四月二十五日訪問團一行登船返回祖國，慈航禪師則仍然留在檳榔嶼。此次中國佛教國際訪問團訪問活動就此宣告完滿結束。

慈航禪師參與訪問團自一九三九年十二月二十四日至一九四〇年四月二十五日止，為期整整四個月。

也正因為這次成功的訪問活動，使得這位只在閩南佛學院就讀時間不長的慈航禪師以太虛大師親近弟子的身分更為佛教界所熟知了。

慈航禪師留在南洋弘法，致力於佛教的教育、文化和慈善事業，被譽為「佛教福音之先聲」，當地人士謂：「前中國佛教國際訪問團，由緬甸、印度、錫蘭宣傳抗戰建國工作後，至馬來亞時，該團頗受星洲、吉隆坡、怡保、檳城、麻六甲各處佛教徒及社會人士之歡迎，團長太虛大師由安南海防回重慶陪都時，受七十餘團體歡迎報告其工作成績之經過。太虛大師已於去年的現在示寂矣。該團團員之慈航法師，即留於馬來亞做宣傳工作，曾於檳城菩提學院主講及創辦菩提學校，又於星洲創辦菩提學院、星洲佛學會及菩提學校，並出版《佛教人間》月刊，對於文化、教育、慈善事業，非常努力。」（《佛教福音之先聲》，《佛教人間》第五期）

23

畢俊輝居士

畢俊輝和王弄書（王弘法）居士是慈航禪師在南洋弘化活動的左膀右臂、二大護法。十餘年後，慈航禪師在彌勒內院的關房內向謝冰瑩預言，她一定會去南洋而且可以和自己最得意的弟子畢俊輝、王弄書成為好朋友！

畢俊輝居士的皈依歷程與謝冰瑩十分相似，她們二人都曾夜夢黃衣僧，以此與慈航禪師結下深厚法緣。

一九四〇年四月二日，畢俊輝正在檳城福建女校辦公室內照常辦公。她是學校的英文科主任。

「畢主任」，辦公室的另一位工作人員告訴她說：「王弄書先生來找過您，稍後她還會再過來。」

「謝謝！」

王弄書是本校的同事，二人關係還不錯，這次找她不知有什麼要事。

弄書是佛教皈依弟子，法名弘法，畢業於福建女子師範及女子法政學校，曾任仰光中國女子中學校長，現為檳城福建女子師範國文教員。

之前王弄書經常特意介紹或贈送一些佛教書籍給畢俊輝。但是，畢俊輝還不是佛教弟子，只是對佛教有較多的好感而已。

過了不多時，王弄書進來了。

見到畢俊輝，她興奮地說：「明天有空嗎？」

「什麼事？」

「中國佛教國際訪問團明日蒞檳，該團之一位團員慈航禪師是我的皈依師父，我打算明日到船上去迎接，你可陪我去嗎？」

「就是那位《慈航禪師演講集》的作者嗎？」畢俊輝記得王弄書早前曾送過她這本書，她是認真拜讀過的，而且對慈航禪師的言行發生了很大的興趣。

「是啊！他這次和太虛大師一同前來，到時候可能還會留在這裡呢。」說到這，王弄書顯得特別的激動，接著她笑笑，說：「我這位皈依師父遊歷了很多地方，見多識廣，但為人耿直，還是很『天真』的呢，明天你見到他就知道了。」

「那我一定奉陪！」畢俊輝答應了。

「那好！一言為定。」

王弄書說完正要走，畢俊輝說：「家慈那邊也聽說了，只是不知道您的皈依師慈航禪師也來。」

原來畢俊輝的母親就是當地頗有名氣的「菩提苑」素食餐廳的主人。

畢俊輝決定陪同王弄書前往碼頭接船。

當天晚上，一向很少做夢的畢俊輝竟然奇怪地做了一個夢。夢中忽有一度光，由心發出，在光中恍惚遠遠見一位相貌莊嚴之黃衣僧，漸漸趨前向她微笑，至她合掌向這位黃衣僧敬禮時，黃衣僧已朦朧不現……

四月三日，由當地的華僑領袖牽頭，大家將檳城碼頭布置一新，還請來了舞獅隊表演，以華人最隆重的儀式迎接中國佛教國際訪問團。

一時碼頭上是張燈結綵，鑼鼓喧天，熱鬧非凡。

畢俊輝、王弄書擠在碼頭邊上的迎接人群裡，向著進船口方向眺望。

一艘輪船穩穩地駛進碼頭，大家開始高呼「歡迎！歡迎！」

輪船停妥當之後，檳城本地的華僑領袖、佛教界代表上前迎候。只見中國佛教國際訪問團的團員們列隊而下，他們是清一色的黃衣僧袍，個個威儀嚴整，令人肅然起敬。

「慈航師父！」王弄書向著一位魁梧圓臉的和尚高聲喊了出來。師父聽到喊聲，小心地穿過其他人靠邊走了過來。

「弘法」，慈航禪師高興極了。

王弄書趕忙對著師父頂禮，畢俊輝見狀卻有些不知所措，只好向著師父合十。

慈航禪師連忙上前扶起王弄書，關切地問：「好久不見，一切可好？」

「很好！很好！師父可好？」王弄書知道師父此前帶著一班青年學僧避難香港，境況其實堪憂。

「都好！都好！」慈航禪師開懷一笑說：「這位是？」

「她是我們女校的同事。」王弄書介紹說。

不等慈航禪師開口，畢俊輝連忙自我介紹說：「弟子畢俊輝，拜讀您的《演講集》，很是敬仰您！」

「很高興認識您！下午在極樂寺有歡迎大會，空餘我們大家可以細細再聊。」

說完，慈航禪師與王、畢二人合十，回到清一色的黃衣僧隊伍中。

「他真像彌勒菩薩！」畢俊輝對王弄書說。

王弄書聽了笑著說：「您還沒見識過他的無礙辯才呢。」

是日中午，由畢俊輝的母親在其開辦的菩提苑為中國佛教國際訪問團設齋供養。

下午二時，全檳城的佛教徒，假座極樂寺聯合舉行歡迎大會。

因為供齋的機緣，檳城諸山長老特意請畢俊輝代表檳城全體佛教信眾向訪問團獻花，這對畢俊輝來說是得沾法雨之良機，也是她們一家無上的榮光。

會中太虛大師及慈航禪師相繼開示。

開示結束後，受到本地華人華僑愛國熱情的鼓舞，太虛大師還就歡迎會題詩《榔嶼極樂歡迎會》：

林林檳嶼人，華僑占多數。
泱泱大國風，數典未忘祖。

▲慶雲禪寺彌勒像

對佛教接觸未深的畢俊輝，對於太虛大師之言論，一時不能悟解，唯慈航禪師所講教育、文化、慈善為復興佛教之基礎的鴻論，令其對佛教頓生信仰。

第二天，檳城菩提學院召開歡迎大會，歡迎中國佛教國際訪問團到訪。散會後，太虛大師與其他團員一同遊覽檳城各處名勝。

慈航禪師則度人心切，獨自留在菩提學院，對畢俊輝等幾位福建女校的老師們口若懸河大講特講，發揮佛陀積極救人救世之無上真理。

太虛大師等回國後，慈航禪師留在南洋培育人才。一九四〇年六月十九日觀音聖誕日，在吉隆坡千佛寺舉行了隆重的皈依法會，畢俊輝皈依慈航禪師座下，此後成為他在南洋弘法的得力主將之一。

24

抗日愛國

一九三七年七月七日，盧溝橋事變爆發了。八月二日，日本的神道、儒家、佛教、天主教等聯合成立了「精神報國大同盟」，八月十七日，日本宗務局長號召宗教積極促進國民精神，各宗教舉行「報國大會」，慰問日本皇軍。一九三八年三月三十日，日本文部省與神道、儒家、佛教三教代表，簽署協議要在中國布教。日本的對華侵略，也伴隨著文化侵略、宗教侵略。

就中國佛教界而言，對於日本佛教布教行動背後潛在的侵略意圖，大家都是心知肚明的，由慈航禪師主編的《星洲中國佛學》上發表一位署名無畏的文章，題為《凡事須平心而論》，其中揭示說：

日本自傲地說是大乘佛教，可以革除袈裟，可以娶妻生子，可以飲酒食肉，可以服裝俗化，可以參加政治，可以參加軍事，日本和尚做間諜的，可以說每一個和尚都是的，這是誰人都知道的，而處處也都能見到，尤其是此次南侵，我們是常見常聞的，佛教徒既然沒有自己的靈魂——主義，去隨波逐浪，去同流合污，何怪乎同歸於盡，不能自拔！

面對日本的侵略，一些佛教徒及對佛教存在誤解者心存疑惑，既然佛教宣導不殺，那佛教徒如何抗日救國呢？對此慈航禪師一再宣稱，佛法可以「救國」：「救國，救國，凡屬國民一分子，都應負起救國的責任！當然，我和諸位都是中華民國的一分子，大家都有救國的責任。」

慈航禪師又說：

有人說，佛教最要緊的信條是慈悲戒殺，如果佛教真的有利於社會國家，對於這個信條將無從自圓其說。好比日本軍閥凶暴蠻橫，侵略我國東北四省，佛教徒如果慈悲戒殺，社會國家不因此也就完了？若是攘臂而起，揮戈殺日本人報仇，豈不是犯了自教相違？

我說，大乘佛法是積極的，是救人的，現在講一則故事：當釋迦佛在世的時候，有一次和五百位菩薩住在一起，碰著一個惡人，那人想把五百位菩薩殺掉。那時佛陀自己思維：要是五百位菩薩真被這惡人殺掉，那是多麼可惜。想罷，便向那惡人說：我並不是故意要起瞋心，為的是要救這五百位菩薩，並且要免你不墮落，便不得不先殺你。終於殺死那個惡人。

所以凡是大乘佛教的信徒，對於有害人類的蟊賊，都應該抱著抵抗剷除的決心。同樣的道理，日本人敢侵犯中國，我們要盡國民的天職，就非抵抗不可。這正是慈悲精神的發揚。

至於戒殺的話，要看用在什麼地方，若太拘泥了，反落執著；而且佛教的慈悲戒殺，並不是單單教中國這樣做，是教全世界的人類都這樣做，倘若全球人類，都肯學佛，殺既沒有，更何用戒？這一層要大家認識清楚，方不至於發生誤會。

慈航禪師的話是針對在家佛教徒而言，他激勵他們奮起抗爭，參加保家衛國之戰鬥，奮勇殺敵，以盡國民之天職，此與佛教的慈悲精神並無違礙，因為日本侵略者的殘忍、罪惡罄竹難書，唯有與之鬥爭，才能維護世界和平、人民安寧。

而在其它的場合，慈航禪師是很注重護生精神的，特別是對於軍人，他勸誡大家要立足人類立場，維護人類的和平，他曾對錫蘭軍隊的官兵演講說：

我們大家同是人類，不問他是英國的，你是錫蘭的，我是中國的，他是印度的，或其他國家的，然而圓顱方趾那是一樣的。因此，大家應當互相親愛，互相幫助，不應當彼此仇視，除了罪無可赦由長官命令下來處罰的人，其餘的良民，不但不能絲毫的損害他們，並且要竭力保護他們。

在中國古書上說：殺一無辜，而得天下不為也。這樣，我們就知道；人者，仁也，有仁慈的心才叫做人，假定失了仁慈的心，就是失了人性。所以我希望諸位處處思想到我們同是人類，不要忘記自己是有人性——仁慈的心。

慈航禪師不僅鼓勵居士弟子們參與抗日鬥爭，自己也積極的投身抗戰活動。他積極參加太虛大師的中國佛教國際訪問團，此團的主要任務就是向外宣傳中國的抗日政策，積極聯絡各國友人，為中華民族的獨立和世界的和平共同努力。一九四〇年四月二十五日訪問團活動結束之後，慈航禪師仍然留在南洋弘化。他用佛教的智慧與日本侵略者展開生死的較量。

有一次，因為日本帝國主義已經瘋狂侵略東南亞諸國，慈航禪師只好避難於馬來西亞的檳城。在檳城期間，慈航禪師念佛不忘憂國，他回憶與日本侵略者鬥爭的過程說：

果真不久，日軍就完全盤踞了整個的馬來亞，一班救國抗日份子，他們的頭顱

不知道犧牲了多少。在我這個過著糊塗生活的人，以為天倒下來，也沒有我的關係。誰知東邊來了一封信：師父！慎重！外面的風聲很不好。西邊又來了一封信：法師！請暫時不要外出。還有兩位特別關心我的人，因為信上不好明言，恐怕檢查，特意派一個人來通知我：外面謠言說，日政府派暗探各處去找你，無論怎樣暫時是不要外出。……

有一次他叫我多寫幾個講題給他選，我寫了一百二十個，好像素菜館的菜單那麼長。他對我笑了一笑，為什麼都是說佛教的話？我說：我是佛教徒，只會說佛教的話。他說：我出個題目你做。我說：那是最好沒有。他的題目叫做祝捷。我把他做反了，變成了祝緩。

第二次他又出了一個題目，叫做喜訊。我又把他做反了，變成了憂訊。

他明知我是和他搗蛋，但是我已經先打過他的招呼，說只會講佛學，他也就沒法奈何我。

但是一班人勸我說：常常這樣，不是好事，還是避避他的鋒尖好一點。於是我一溜煙就跑到別處去，這才脫出他的虎口。

日本是於一九四一年十二月八日登陸馬來西亞，開始了數年的殖民統治。慈航禪師的這篇自述所描述的應是一九四一年十二月前後的事情。當時的日本統治者以性命相威脅，派人跟蹤並要求慈航禪師違心地發表支持演講，都被慈航禪師巧妙地拒絕了！

一九四五年八月十五日，日本政府正式宣布無條件投降了！舉國歡慶。

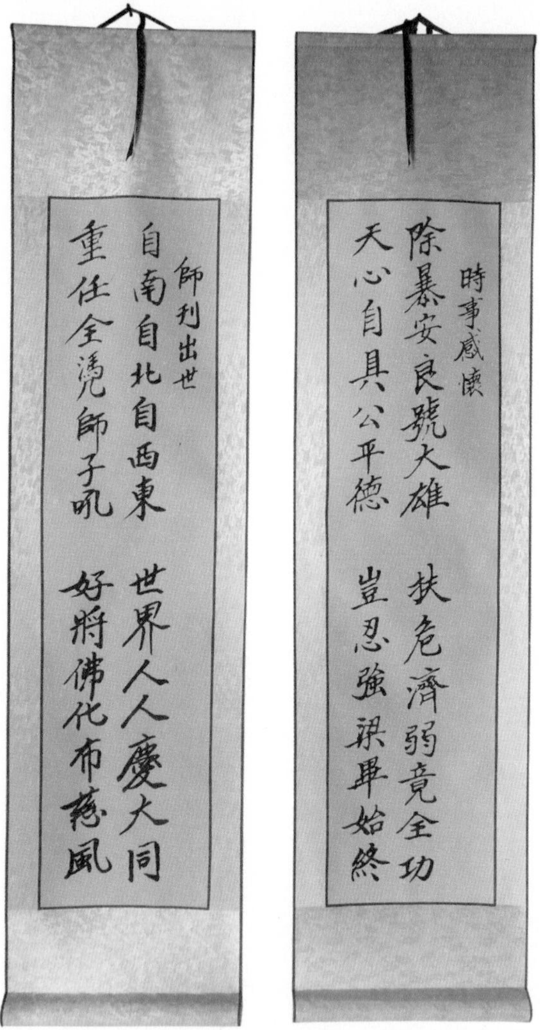
時事感懷
除暴安良號大雄 扶危濟弱竟全功
天心自具公平德 豈忍強梁畢始終
師利出世
自南自北自西東 世界人人慶大同
重任全憑師子吼 好將佛化布慈風

▲慈航菩薩墨寶

是年十月十日，慈航禪師興奮地寫下了他的《國慶有感》：「如山國恥從茲雪」。海外遊子雖然身處異地，但心中蕩漾的還是那顆火熱的中國心！

慈航禪師另於《佛教公論》復刊第八期發表《時事感懷》十首，抒發其對第二次世界大戰的感想，表達了佛教徒對世界和平、人心安定的願望：

其一

除暴安良號大雄，扶危濟弱竟全功。
天心自具公平德，豈忍強梁畢始終。

其二

淪陷沖繩已警鐘，收韁未晚或彌縫。
冥頑應具回頭覺，日闕何為故步封。

其三

自彈自打唱高腔，字典原來不識降。
勝敗本來無定算，誰知把握在聯邦。

其四

蘇軍盡向後防移，一股回攻更覺奇。
將在謀來非在勇，柏林全陷悔方遲。

其五

英雄作事每心違，病在言來行實非。
萬丈高樓從地固，好將仁德築堅磯。

其六

早知今日莫當初，一事無成已存虛。
寄語窮兵黷武漢，請將冷眼鑒前車。

其七

聰明自作實如愚，今古強梁與鹵夫。
試看號稱盟主國，如今樹倒薜蘿無。

其八

風雲莫測本離迷，勝敗興衰怎得齊。
可笑當年頭昂漢，附近俯伏愧嫌低。

其九

為人切忌冒招牌，言行相遠實兩乖。
根本既傷花自萎，虛浮做事怎稱懷。

其十

身心無定路徘徊，一事無成當已催。
自古梟雄稱鐵漢，管教鐵樹待花開。

25
人間佛教

鮮為人知的是，現今作為中國漢傳佛教界盡人皆知的「人間佛教」一詞與慈航禪師有很大關係。

星雲大師曾說：「『人間佛教』這一口號，最早是慈航法師所講，他在一九四六年（民國三十五年）出了一本雜誌，就叫作《人間佛教》。那時候當然有人提倡人生佛教、人本佛教，但是慈航法師一口就喊出人間佛教，這個有雜誌佐證的。在南洋新加坡，一九四六年出版過一段時間。」

星雲大師的說法是有依據的。法舫法師《吉祥經》序中也提及慈航禪師創辦《人間佛教》之事：

民國丙戌（一九四六）十月，禮佛聖跡，閱一月而歸，接星洲慈航兄函，謂《中國佛學》月刊將更名為《人間佛教》，囑為文章，憶大醒兄主編《海潮音》時，曾輯《人間佛教專號》，自此以後，斯名頗為佛學界所稱用之。《人間佛教》後改名為《（星洲）佛教人間》，這份雜誌的宗旨是「發揚大乘佛法真義，應導現代人心正思」，致力於人間佛教思想的闡發與宣傳。

慈航禪師的「人間佛教」思想源於太虛大師，他在思想上受到太虛大師的影響最為深刻。在他的心目中，太虛大師具有不可替代的重要地位，他曾說：「太虛大師是我生命的崇拜，誰觸犯了他老人家，我可說一句以命相償。」太虛大師積極提倡佛教改革，他的主體思想就是要建設人生的佛教，人生佛教的目的就是改善人間，由此對治以往人們印象中的「死人的佛教」、「消極的佛教」。

慈航禪師與太虛大師的關係，一是佛學院的師生，二是佛教革新理念與實踐的領袖與追隨者，後者尤為重要。「以師心為己心，以師志為己志」，這是慈航禪師的座右銘，也是他所創辦的各種佛教刊物上最為常見的標語。其所謂「師心」「師志」就是太虛大師之心、太虛大師之志，是現代佛教改革派領袖改革佛教、振興中國佛教的偉大志願！

太虛大師不僅因其提出了人生佛教的理念而聞名於世，他積極致力於新式佛教教育機構的創辦也令世人矚目。除去閩南佛學院外，大師還創辦了武昌佛學院、重慶漢藏教理院、北

▲慶雲寺禪林

平柏林教理院、西安巴利三藏院，這些佛學院引入了現代的課程設置和教學方法，如重視學術研究、外語學習等，雖然因各種原因，特別是經費之困擾而命運坎坷，但太虛大師的努力還是影響了這一時期乃至當代各類僧教育學校的發展。

慈航禪師南遊朝聖抵達緬甸仰光之後，紮根海外數年，一方面向中國國內提供南傳佛教的近況，以資佛教革新運動之參考；一方面在南傳佛教國家將人間佛教的諸多理念付諸實踐，他在仰光的弘化活動有聲有色，自然引起國內佛教界的重視與推崇。慈航禪師離開緬甸回國弘法，他的演講往往結合自己在海外的人間佛教實踐經驗，頗能引發聽眾的興趣，逐漸成為中國僧青年心目中佛教改革派的「旗手」。

慈航禪師創辦《人間佛教》等刊物，撰文積極回應師說，鼓吹人間佛教。相應於人生佛教，慈航禪師的人間佛教理念主要關注如下三個方面問題：

第一，佛法與人生的關係。

首先，慈航禪師認為，要明白人生的主要問題，必須明白佛法。在《菩提心影•人生篇》中，慈航禪師討論了種種人生問題，他說：「什麼叫做人生？人生之問題有二，一曰生從何來，二曰死往何去。」而佛教的十二因緣說就是對此最為詳明而穩妥的闡釋。

其次，在明白人生實相後，我們透過佛法，可以知道怎樣做人。慈航禪師說：「我們要學佛，就是學佛的智慧，學佛偉大的人格。」

最後，因為學佛做人，可以建設「人生淨土」，慈航禪師說：「世界的不安，社會的紊亂，皆因亂殺、亂取……所致，要想建設人間淨土，非要從五戒入手不可！一人能實行，則一人得平安；一家能實行，則一家得平安；乃至一村、一鎮、一縣、一省、一國能實行，則皆能得平安；全世界各國皆能奉行五戒，那麼，人間淨土社會的實現也就指日可待了。」

除去對人生大問題的探討，慈航禪師也關注人生細節問題的佛法運用。在《我的生活觀》一文中，慈航禪師將人的生活分為十種，即一般的生活、縱欲的生活、技能的生活、風雅的生活、惡人的生活、善人的生活、賢聖的生活、羅漢的生活、菩薩的生活、佛陀的生活等。羅列這些生活類型，引導各人自由選擇自己的生活方式。

而在《再談生活》一文中，慈航禪師又羅列了各種不同的生活類型，如科學的生活、文學的生活、宗教的生活等，他認為宗教的生活並不完全是消極：「我是一個佛教徒，然而我不望每一個人都信佛教，但最低的限度，每一個人都能信仰一種宗教，無論對自身，對國家，都有莫大的利益。」

此外，慈航禪師還從佛教徒的立場出發，談孝、談習慣，談對音樂的看法，談立志等各個方面的問題。

第二，佛教的社會責任。慈航禪師對有人提出「佛教徒是無職業的，對於社會毫無利益」，「佛教是亡國的宗教」等的說法進行駁斥。

第三，指出佛法的特勝之處。佛法既不同於世間一般學術，也不同於一般宗教，佛法可以融攝一切學術。在《世法與佛法的不同點》中，慈航禪師認為世間的學說都是用第六意識分別出來的，是有限的、污濁的，流於生死的，佛法則是真心流露，無有窮盡，是清淨的。在《佛教與一般宗教之異同》中，慈航禪師指出佛教反對神的創造和主宰的說法，而談諸法從緣起，可知佛法決非宗教。

要之，慈航禪師以為入世、出世和救世是「佛教偉大的三種精神」，佛教是積極的、救世的，但不失其獨特的優勝。他還提出「文化、教育、慈善是佛教的三大救命圈」，以此作為人間佛教的核心內容，而這些觀點都是得益於太虛大師的教誨，應可無疑。

而在鼓吹人間佛教理念之外，慈航禪師也積極回應太虛大師的佛教革命運動，他提出了破除迷信、整理佛教的具體改革方針。

26

護法胡文虎居士

▲胡文虎居士

在慈航禪師創辦的《（星洲）佛教人間》中英文雙語期刊上屢屢出現一個顯眼的廣告，這個廣告和這份刊物的英文封面融為一體：在《Buddhism For Humanity》的英文刊名之下，一隻活潑的老虎冒出威猛的頭來，手中舉起「虎標」商品（「虎標頭痛粉」）的圖樣……

談起虎標，在福建特別是閩西一帶，人們都引以為豪，「萬金油大王」胡文虎（一八八二～一九五四）的大名可謂婦孺皆知。

胡文虎之父胡子欽，祖籍福建永定，客家人士，因世事動盪而隻身遠走南洋，在緬甸仰光創辦「永安堂」中藥店，其子有三，長子夭折，留下胡文虎、胡文豹兄弟。胡文虎於一八八二年（清光緒八年）生於緬甸仰光，曾回家鄉讀書，十四歲時重返仰光，隨父習醫。胡文虎與胡文豹根據中西醫的諸多研究，創制了名聞海內外的虎標萬金油，還先後創制了八卦丹、頭痛粉、清快水和止痛散等虎標的良藥，暢銷世界各地。

胡文虎作為一位出色的愛國華僑早已為人所熟知，但鮮為人知的是，他積極投身於佛教的文化、教育和慈善事業，並且與太虛大師結緣！

《太虛大師全書》中有一篇題為《與胡文虎君談話》的短文，記錄下了一位商界、僑界領袖與一位高僧之間的對話。它曾經刊發在民國佛教界著名雜誌《海潮音》的第七卷第十期上，並且是由著名的佛化新青年運動領袖、太虛大師弟子寧達蘊居士整理的。

在這次談話中，胡文虎說：「近見法師《經商與學佛》之演說，名理雋言，尤深佩服。所謂經商不但仗其資本才智，尤須有道德以為之主，而道德又當以佛法為標準是也。」太虛大師點首表示贊同。

胡文虎又說：「《經商與學佛》中又言所得財利，贍身家外，當辦社會、國家、世界之公益，更為先得我心，吾於每年所得之收入，恆用十之四以辦公益也。」

對此，太虛大師極力稱讚胡文虎先生，說他是在努力踐行大乘佛教毫不利己、專門利人的菩薩行！他說：「君制良藥以活人，斥私財而濟世，即為佛法大乘行也。」

在這次對談中，胡文虎還表達了對不良商販偽造假藥害人的痛恨，並請教大師有何良方解決這種社會問題。大師則答以「改噁心為善心」的佛教理念。

相信這次談話對於胡文虎來說，他是受益匪淺的。

一九四八年二月的《（星洲）佛教人間》第四期在顯著位置上轉載了《星洲日報》一則文字，題為《對於佛教的觀感》，作者就是胡文虎。

胡文虎說：

佛教為吾人祖宗二千餘年所崇拜，其犧牲救世精神，與我國固有道德，忠孝仁愛信義和平有相吻合之處，所以佛教之輸入我國，能與儒教互相融洽，而不致衝突。

吾人雖多崇奉儒教，但同時受佛教之影響亦甚深，佛教之捨身救世精神，即是犧牲自己個人幸福，為社會人群服務之最高道德。如能得此教義普及世界，則現社會損人利己之欺詐、盜竊、貪污，乃至殺人越貨病象，自可避免。

胡文虎的這段觀感，所表達的內涵實質上與太虛大師的開示相同，他希望透過普及佛教的無我救世精神，改善人心，挽回世運。

胡文虎先生對於佛教教義的學習絕不停留於語言和文字，他從太虛大師處得到的佛法教誨，一一都付諸實踐，這從他對佛教慈善、教育、文化事業的熱忱可見一斑。這也不難理解他與慈航禪師的殊勝法緣了。

《（星洲）佛教人間》雜誌各期刊登的商業廣告並不多，但虎標的廣告則是最大幅也最多期的，足見胡文虎對此刊物的重視與支持。

除去對佛教文化事業的贊助與支持之外，胡文虎還擔任了檳城菩提學院的名譽董事主席，熱心於僑胞子女的教育公益事業。

根據一九四七年十二月一日出版的為紀念菩提學院創辦而特別發行的《菩提特刊》，這個位於馬來西亞檳城圓島十九號A的菩提學院，原是一位法名芳蓮的比丘尼同當地的僑胞們一起創建的，旨在修建一個利於佛教修學的道場。後來慈航禪師來檳城弘法，在他的影響下，當地各界人士積極參與佛教文化活動，特別是胡文豹夫人鄭亞蘭居士最為活躍，因深感菩提學院校舍過於狹窄，亟須擴建以為開展大型活動之用，在她的推動下，胡文虎、胡文豹兄弟先後蒞臨檳城菩提學院參觀，他們對菩提學院的組織與發展深表贊許，並慷慨捐贈五萬元作為建築校舍的啟動基金。《佛教人間》第四期發表消息稱：「胡文虎先生在檳善舉，捐款三十萬。二十萬元興建菩提學院，十萬元重修各名勝寺廟。據胡氏云，菩提學院即以佛教精神教育學生，挽回世道頹風之期望，自倍具意義，況教育樹人，前途發展，當更應促其早觀厥成也。查菩提學院，附設小學為慈航法師在檳時所倡辦，學生甚眾，成績斐然。與現在之星洲靈峰菩提學院、菩提學校，同性質云。」

不過，好事多磨，因為日本入侵導致檳城菩提學院校舍建設之事就此擱置。抗戰勝利後，在原有基金的支持下，一九四六年一月十二日正式成立了小學，胡文虎再次添助基金二萬元，於一九四七年檳城菩提學院終於正式開辦了，其宗旨定為「融合佛陀救世精神，鼓鑄人類善良心理」。胡文虎、胡文虎夫人分別作為「三十六年（一九四七年）度男、女董事」，陳少英為校長。

另外，星洲菩提學校創立於民國三十五年（一九四六）冬，校址在芽籠律七百四十三號，也是慈航禪師倡議下創辦的教育機構，得到眾多居士的大力協助，王弄書為該校校長。三十六年（一九四七）下學期因為王弄書前往檳城協助菩提學院的建設，星洲菩提學校改由畢俊輝擔任校長。

檳城菩提學院是典型的佛教教育公益機構，慈航禪師以其「德育為建國之基」的思想影響著菩提學校的未來規劃與發展。

慈航禪師在仰光期間，曾發起建造藏經樓以供奉傳為慈禧太后賜送的龍藏，該樓的興建，胡文虎亦為大功德主，至今碑文猶存，照片還掛於藏經樓的大廳之中。

27
以文會友

慈航禪師不僅為弟子們演講佛法，也說儒家經典「四書五經」，畢俊輝居士回憶當時慈航禪師的生活說：「（引者注：抗日戰爭爆發時）晚間又教儒家四書五經詩詞歌賦等世間文學。」

所謂「四書五經」即《論語》、《孟子》、《大學》、《中庸》等四書（到南宋，朱熹正式將《論語》、《孟子》、《大學》、《中庸》合在一起，稱為「四書」，並以之為儒學的根本）以及《易經》、《尚書》、《詩經》、《儀禮》、《春秋》等五經（漢代獨尊儒術，立於學官的只有「五經」）。

慈航禪師對儒教思想雖有所保留，但基本肯定其現實的貢獻，他說：「他（筆者注：孔夫子）的學說對於人類政治的貢獻，實在是收了不少效果，否則到了今日的狀況下，真會成了一個禽獸世界。」

在南洋，慈航禪師還創辦詩社，廣結文友。

一般來說，佛教以文藝為末事，不允許學人沉溺於文字，如蓮池大師是明清以來最具影響力的佛教大師，他認為佛經至辭無文，是世間文章無法比擬的，因此，他明確表示出家為僧者不可以文為業。

《星洲中國佛學》第五期（民國三十五年八月出版）中刊發《星洲菩提詩社簡則》十二條，其略云：

一、本社定名為星洲菩提詩社；

二、本社以發揚文藝聯絡各方詩友感情為宗旨；

三、本社公推菩提法師為社主；

四、本社設於星洲靈峰菩提學院；

五、本社社友部分僧俗性別種族遠近均可加入；

……

從簡則來看，詩社是由慈航禪師發起成立的，其宗旨在於發揚文藝，並以之聯絡僧俗各方情感，慈航禪師自任社主。該期還刊發有社主（即慈航禪師）論詩的詩作：

一

詩歌無捷訣，脫口便為奇。

擬議思量者，吟壇下乘兒。

二

有話何妨說，無言莫索依。

心中如遇觸，清淨目奔飛。

此後該刊時常有專門版面刊發《詩社唱和》，由社主《唱》一首，眾人和之，題材大都與佛法及世間倫理道德有關。

如慈航禪師《唱》詩云：

慈悲喜舍即吾宗，世界和平善友逢。
原子稱能能不得，萬邦拱手各謙恭。

諸人皆用其韻字和詩，如畢俊輝居士和詩云：

弘揚妙諦是吾宗，三生有幸再相逢。
龍宮海藏無量數，欽羨難能揖必恭。

論及南洋的詩社及詩詞創作，有一位人物不得不提，他就是念西法師，一位閩南籍的僧人。

念西法師的生平事蹟不詳，可能與《龍褲國師傳》的作者念西法師未必是同一人，但他確實是一位在文藝方面很有成就的僧人。

念西法師著有《佛教聲律啟蒙》（後附《學詩妙法》），民國三十年（一九四一）南洋檳城弘如曾為該書作序，序中稱：「閩南應運挺生之大開士念西法師，有見及此，就像佛教中人士之立場，編就佛教聲律啟蒙，凡上平十五韻，下平十五韻，上聲二十九韻，去聲三十韻，入聲十七韻共百零六韻……於普及教育呼聲中，全國境內一萬萬以上之男女小學生，將人人都知撰成對偶，都知創造詩中有畫之絕妙佳詞。」他是一位詩詞造詣極好的僧人。

慈航禪師在南洋與念西法師交往頗深，二人常有詩詞唱和。如慈航禪師《題念西法師詩畫集》云：

念念不忘生淨土，西方勝境日趨朝。
法音常藉吟詩顯，更慕蓮邦作畫描。

可見，念西法師不但能詩，還是丹青好手。不過他的詩歌和畫作大都是用來宣揚淨土法門之用，所謂「法音常藉吟詩顯，更慕蓮邦作畫描」。

慈航禪師還有《和念西法師》詩二首及《步念西法師原韻》等詩歌多首。

當然，在以文會友的同時，慈航禪師也有金剛怒目，對各種有損正信佛教的文藝風氣使出雷霆手段。

《星洲中國佛學》第三期中以妙吉祥為名登載一則題為《我的希望》的爭論文章，其中談到：「唯有一位『大壽法師』來信說：喂！朋友！請貴隊的司令官，去看看外面的《火燒紅蓮寺》和《山東大俠》，這倒把編者弄得莫名其妙！因為編者不但是出家以後沒有嘗過這滋味，就是自出娘胎以來，也就沒有拜印過！這些內幕究竟是怎麼一回事？所以我當時也就含含糊糊回了他一封信：大壽法師！你告訴我的話，究竟是什麼意思？……希望我親愛的『大壽法師』把我這話，轉給全南洋、全中國、全世界的佛教徒及一切社會人士去聽，今後的佛教是會光芒萬丈的射目，我們想在陽曆年底，出一期《訴冤專號》，希望各方作者們，多賜我們關於這一類的文章，開一次中國佛教徒『雪恥大會』。」

這次爭論所批判的就是世俗社會中人們對佛教的各種迷信與誹謗。一位化名大壽法師的人提出讓慈航禪師去看看外面的《火燒紅蓮寺》和《山東大俠》（應該是《關東大俠》），慈航禪師不明所以，但仍然給予嚴正的回應，並說要發行《訴冤專號》，開一次中國佛教徒「雪恥大會」，其態度和立場可謂極其堅決。

實際上，《火燒紅蓮寺》和《關東大俠》是兩部所謂的「佛教電影」，後者是香港攝製的影片，曾在仰光國泰戲劇院上映。法舫法師曾發文《從教育和宗教觀點談國產影片》，所論就是針對這類影片。他說：「在過去一些戲劇作家及無聊文人，都以侮辱佛教僧尼為能事。今日之電影如《火燒紅蓮寺》、《十三妹大鬧能仁寺》、《關東大俠》等，無一不是盡其心機編演侮辱佛教僧人的影片，以奇怪為號召，大演特演。」

28

法舫法師

法舫法師是慈航禪師在南洋弘化的一位摯友。

法舫法師（一九〇四 - 一九五一），河北省井陘縣石家莊人，太虛大師武昌佛學院學生、入室弟子，也是他最為得力的助手之一，曾三度主編《海潮音》雜誌。

▲法舫法師法相

太虛大師訪問世界各國歸來之後，徵得教育部同意，出資準備派遣法舫法師前往錫蘭弘揚大乘佛法。法舫於一九四〇年九月中旬奉命準備啟程前往南洋，但因戰事告急，沿途受阻，在一九四二年二月到達印度。

在印度期間，法舫法師在國際大學研讀巴利文、梵文及英文，且任教於該校的中國學院及摩訶菩提會，為中印文化的交流與研究而努力。一九四三年夏天到達錫蘭，駐錫智嚴東方學院，深造巴利文，修學南傳佛教經典。一九四六年六月受邀返回印度講學，並進行翻譯工作。一九四七年春，太虛大師圓寂，法舫法師經由印度、馬來西亞、香港返回內地，途中在南洋各地受到熱誠歡迎。他發表演講，並應邀擔任各種佛學機構的導師。一九四八年五月，法舫法師由廈門抵達上海，後擔任浙江奉化雪竇寺住持。一九四九年春，擔任湖南大溈山密印寺住持。一九五〇年春，法舫法師應錫蘭大學聘請任職於此，並於該年五月參加第一屆世界佛教徒友誼會，成為執委。一九五一年十月三日在錫蘭圓寂。

關於法舫法師在南洋的弘法，星洲《佛教人間》第五期發表佛教消息云：「法舫法師此次由印度回國，道經馬來亞，備受當地人士之推戴，本月一日應檳城佛教徒之請，前往講經。屬怡保人士聞訊，隨即連袂出檳城，請求法師先抽出一個星期時間，往怡保說法，法師以盛情難卻，旋於本月九日蒞怡，怡方人士見法師德學俱佳，由印度歸來，譽之為唐三藏……法師已於十九日回檳。」

這應是一九四七年法舫法師從印度回國途經馬來西亞的事情。當時法舫法師受邀前往檳城、怡保等地講經說法，深受當地人士歡迎。

同期又刊發有星洲佛教居士林潘慧安居士三十七年（一九四八）二月二十六日寫的《致法舫法師書：關於南洋宏揚佛法事》，其略云：

欣悉佛學會擴大組織，得大師之擘劃，行見更臻完善而成為將來弘法之中堅，無任欽佩。至會址方面，倘有適合交通便利之處所，尤易集和緇素，接近社會，從事研究或宣傳工作，此收效果，當更偉大。大師慧眼觀察南方佛教實況，認為於馬來亞或星洲，急須發動佛學研究宣傳工作，使佛法與文化教育界發生關係，此誠紹隆三寶之根本大計。舍此則吾佛知無邊智慧方便，何由實惠於人間？……

末學有一感想，以為佛教同仁果能集中全神於此建立一規模宏大之弘化機關，敦聘海內外有道僧伽或知名學者，主持其事，統一策劃，著重實際指導各項具體進行方案，對於佛學上之宣傳，則分其系統，編定講義，以供一般人及各團體或教育界之研究與宣傳，並選佛教情義及適合地方需要之材料如新生活運動之方式，以各種階層，日新月異，潛移默化，持之以恆，如觀音大士以妙智力現種種身而為說法，一面與中國互相呼應，與印緬、暹、錫，互相聯繫，是不論於現在未來均於社會人群有莫大之貢獻。而對佛教在南洋之前途，亦必能汰其渣滓而發其光輝也。……

大師出為領導，眾望所歸，光明無限。……虛公示寂周年紀念籌備事宜，容與諸大德商洽就緒，當即馳慰，昨午晤及廣洽法師，他亦甚表關注。日期地點及方式等等正在考慮中。

此信由星洲寄出，當時法舫法師在馬來西亞檳城洪福寺講經。信中提到星洲佛學會的組織改建，要求法舫法師擔當領導，並獻上了自己的建議。

法舫法師在接到潘居士信後即給予回覆，其《覆潘慧安書》略云：

佛學會改組事，乃商承慈航法師之意旨而進行者，其目的一如來書所言。……法舫暫留星島，終須返國一行，佛會改組，不過就便促成耳。居士本宏法大願，工作之餘，盼多指導。又佛學會諸理事，或為居士林林董，或為中華佛教會職員，是即一家，分工合作，同一目的，親愛精誠，和合而為佛事，其意至善，居士以為然否？建立一規模宏大之弘化機關，展望將來，實屬需要，余與慈航法師及佛學會同人對居士高見，歡喜讚歎，樂於接受。唯具體之組織，須得由諸山長老與護法居士共同籌商。

法舫法師的覆信，用詞特別客氣，其對潘居士之主張有所保留，特別是他屢屢提及慈航禪師，並聲明佛學會的組織改建是遵照慈航禪師意旨而進行的——星洲佛學會就是由慈航禪師創辦的——他（法舫法師）「暫留星島，終須返國一行，佛會改組，不過就便促成」，自己最終不是長久在此弘化的，他是以「客人」的身分、局外人的身分參與其中罷了。

民國三十七年（一九四八）四月《佛教人間》出版太虛大師紀念專號，慈航禪師發表《由紀念大師來說到法舫法師回國的重任》，其中提到紀念大師應做到三點：第一，組織堅強的新隊伍，來繼續大師未竟的事業；第二，栽培佛教國際弘法人才，把中國的佛教向全世界去發展；第三，使僧伽的日常生活安定，集中精神潛修，預備作將來振興佛教的師資人才。

最後，慈航禪師對法舫法師個人做出評價說：

綜上三端，作為大師的紀念，而能夠勝此重任者，那就非要希望現在由印度將要回國的法舫法師不可，因為舫法師在我三種條件之中，第二個條件栽培佛教國際弘法的人才，那是他一人可以包辦，至於第三條安定僧伽的生活，那可以在大師原有的道場先做去——奉化雪竇寺、武昌佛學院、漢藏教理院——和幾處當事人商量，再不要同各叢林過那封建時代的生活：完全作儲蓄僧才自修之所，作將來全國佛教振興的領導者。由三處先做起再推而廣大，我以為只要這能夠明白振興佛教的原理，知難行易不是孫總理先發明的嗎？

至於第一種組織新隊伍，也不是難事，因為大師門下的僧俗弟子，實在是不少，就是基本道場，也還有幾個。真能夠有一人出為組織，附和者定屬不少，況且有他的德學有他的才幹，有他的和氣圓融，都能使人歡喜接受！

不過我觀察到他：學有餘而膽不足，三種之中，而能順乎他的性情，唯有第二，至於第三，或可勉強，若論第一，我可量他完全無此魄力，亦無此膽智，蓋他非革命性之人也，不過是一學者之書生。

太虛大師圓寂之後，對於誰能擔當中國佛教改革的旗手、領袖人物，大家一定是拭目以待的，慈航禪師只是憑藉其個人的觀察而發表個人的看法，他還是那樣的率真，快人快語，他將法舫法師稱為「不過是一學者之書生」，此種言論，倘是對著一心胸狹隘之人說，或者被人誇大、肆意歪曲流傳，他一定是要遭人怨恨了！於此，更可見他們二人之間的交誼之厚。

29

嗣法圓瑛大師

民國佛教界之領袖，「革新派」為太虛大師，而所謂的「保守派」就是圓瑛大師了。他們都是當時佛教界的翹楚。

▲圓瑛大師法相

圓瑛大師（一八七八～一九五三）生於光緒四年（一八七八）農曆五月十二日，福建省古田縣平湖端上村人，俗姓吳，名亨春，父元雲公，母闕氏。其少習儒業，十七歲即思舍俗出家，十八歲如願於鼓山剃度，二十歲（光緒二十二年，一八九七）依鼓山湧泉寺妙蓮和尚受具。大師法名宏悟，字圓瑛，號韜光，亦名一吼堂主人、三求堂主人、靈源行者、離垢子等。

慈航禪師與圓瑛大師的結緣甚早，在其二十歲（民國三年，一九一四）之時，他們就在寧波天童寺、七塔寺等相遇過。慈航禪師在《風雨聲中悼我師》中回憶說：「余二十歲，即聽老人講《楞嚴》於天童、七塔，其威儀之影，猶常浮於目前。」這也就是慈航禪師詩中所謂「當年太白曾陪座，後又相親七塔堂」，其中太白就是指天童寺。其時圓瑛法師已經是江浙佛教界的著名人物，擔任寧波接待講寺住持、「中華佛教總會」參議長、教務主任等。

圓瑛大師與太虛大師一樣同屬於中國佛教的領袖人物，其言行事蹟時時見諸各種佛教報刊，成為佛教大眾所關注的話題。此後慈航禪師與圓瑛大師依然保持著直接或間接的聯繫，尤其是他們在南洋弘化的相同經歷，使得慈航禪師對圓瑛大師有著更全面的認識。

早在光緒三十三年（一九〇七）年僅三十歲的圓瑛法師即奉寄禪和尚之命，從寧波市搭乘輪船，經菲律賓、新加坡、檳榔嶼、緬甸仰光而至印度，恭請舍利、玉佛回國供養。一九一五年圓瑛法師又應邀前往新加坡、檳榔嶼等地講經弘法，途經泰國、緬甸、斯里蘭卡到達印度，請回佛舍利三顆，復回斯里蘭卡、緬甸，請回貝葉經、玉佛等。他將這些迎請回來的舍利、玉佛等安奉於寧波永寧寺，後移至接待講寺。一九二二年圓瑛法師於廈門南普陀寺講經圓滿，即遠渡南洋，赴仰光朝禮大金塔，道經新加坡，同轉道和尚會晤領事秦亮工以及普覺精舍主人鄭雨生居士，暢談佛法，組織普覺講經會。次年二月在檳榔嶼極樂寺宣講《阿彌陀經》，三月在檳城謝氏宗祠講經，與謝自友倡議成立檳城佛教研究所。一九二六年第四次遠渡南洋，為籌募泉州開元慈兒院基金，並與王嘉祿、陳寶琛等有詩詞唱和。此後圓瑛法師還有數次南洋弘化之行。

圓瑛大師頻繁往來於南洋一帶弘法，他在這些地區有許多的信眾弟子，這些人日後也大都成為慈航禪師在南洋的重要助手或主要交往人物。

一九三七年「七七」盧溝橋事變發生之後，國難當頭，圓瑛大師在上海召開中國佛教會理監事緊急會議，決議召集江浙滬佛教青年組織僧侶救護隊，大師親任中國佛教會災區救護團團長，負責訓練與戰區救護工作的指揮。「八一三」滬戰爆發，上海僧侶救護隊開赴前線救助傷患，他們的英勇事蹟獲得了國內國際社會各階層的廣泛好評，被譽為「英勇僧侶」、「戰神之敵」，當時的中國佛教會還在赫德路覺園內成立難民收容所，收容難民三千多人。此年十一月中旬，圓瑛大師偕徒明暘法師啟程前往南洋，為抗戰募集資金，十二月上旬在新加坡總商會，大師號召炎黃子孫，共赴國難，組織「中華佛教救護團新加坡募捐委員會」，此次募捐活動得到了華僑陳嘉庚等的大力支持。大師到達檳榔嶼時，得到了當地華僑們的熱烈歡迎，極樂寺的諸位法師、檳城佛學院諸位法師、菩提學會慈航禪師、本道法師等也積極回應，宣傳抗戰賑災。

慈航禪師在跟隨太虛大師之時，就常聽到太虛大師對於圓瑛大師的中肯評價。

一九三五年慈航禪師從仰光歸國，當時與太虛大師在廬山，有星子縣知事欲皈依大師，請慈航禪師代為推介。這位知事皈依之後，與太虛大師坐著飲茶，可能是太以「小人之心度君子之腹」，他當著大師的面數落圓瑛大師的不是。大師回應道：「圓公道德學問和資格都夠得上，旁人的話不要去聽，中國佛教的事，也是不容易辦，只好慢慢再來！」

還有一次，當時太虛大師正帶領中國佛教訪問團訪問諸國，船從斯里蘭卡到新加坡，一靠岸即被大批的記者所包圍，有記者故意挑釁，問大師道：「人家說，圓瑛法師有漢奸嫌疑，大師覺得怎樣？」大師嚴正地答道：「聽說是日本人用勢力把他挾持到南京去，後來又把他放出來了！我以為一個出家人，況且又有幾十年的經驗，決定不會被他們利用，這我敢擔保，同時事實勝於雄辯，人家說的話是不能算數的。」次日星洲各大報刊紛紛以《太虛擔保圓瑛》為大標題報導此事。

關於後一件事，其實完全是日本人的誣陷，他們用盡手段威逼利誘圓瑛大師，不成之後使用這種下三濫的手段。一九三九年十月十九日，因圓瑛大師屢屢前往南洋募捐，並且宣傳抗日救國，遂有奸徒向日本人告密，謂大師在南洋募捐所得全數用於援助抗日，日本淞滬憲兵包圍了位於上海的圓明講堂，逮捕圓瑛大師及其弟子明暘法師等人。後經多方營救，十一月十日獲釋，敵偽政府還要求大師出任「中日佛教會」會長，大師嚴詞拒絕，閉門謝客，專心從事《楞嚴經講義》的撰述。圓瑛大師愛國抗日的精神是時人盡所皆知的！

不僅太虛大師對圓瑛大師讚歎有加，在特殊時期，圓瑛大師也對太虛大師表達其尊敬與信任。談玄法師、墨禪法師，畢業於閩南佛學院，屬於太虛大師的弟子，而且蒙其支持與推薦前往日本留學，有人因此聲稱這些留學僧為「漢奸」！當然，這些人的目標不在於幾位留學僧，他們是項莊舞劍、意在沛公，想嫁禍於太虛法師。但是圓瑛大師聽聞此事之後，同上海一班居士出面聲明說：「太虛大師決定沒有這事！這也是我親眼看見的。」可見他們兩位老人家是互相愛護、互相讚歎的！

一九四七年農曆五月十二日為圓瑛大師七十壽辰，上海的圓明講堂率四眾弟子為大師舉行隆重的慶祝法會，並舉行傳法儀式，義明法師、昌修法師、道岸法師等得其臨濟、曹洞二宗之傳。福州鼓山湧泉寺也舉行了慶祝大會。

同期，新加坡慈航禪師主辦的《人間佛教》第六期也以獨特的形式慶祝大師的誕辰。該期前半部分為圓瑛大師壽誕慶祝文章，並配有「圓瑛老法師七十壽相」一圖。普門子（即慈航禪師）在這期也發表《恭祝圓瑛老法師古稀大慶》四首七言詩：

參透如來自在禪，六根清淨體中圓。
心光普照無量剎，海眾歡欣慶大年。
嘗聞心外無別傳，未審如何施法筵。
是否無言方是道，請公代扣一獅弦。
禪僧何必號詩僧，詩裡談禪更得稱。
借問阿師何所事，靈山重會續傳燈。
佛國芳名早已標，祝公安健且逍遙。
虔將一瓣心香獻，堂上圓明望早朝。

這四首詩是慈航禪師的用心之作，不是隨意的應景之詩。第一首明顯是讚頌圓瑛大師在佛法修學、度生方面的成就，即能自覺亦能覺他，故而大師的生日就如同佛菩薩的聖誕一樣值得慶賀；第二首、第三首實際上是談的都是宗門中事，宗門之間重視師徒印證，弟子參學多方，一有所悟即呈上詩偈，倘若蒙師印可，即能得其傳承，第一首中既然認為大師是明師，故而慈航禪師在此就表露心跡了，他呈上自己的詩偈，請大師勘驗，也正因此，以常人看來，四首之中以中間兩首較為晦澀，充滿禪宗情趣；第四首讚頌大師，並送上祝福，用自己的一瓣心香向著圓明講堂中的大師遙祝吉祥。

一九四八年五月，檳城極樂寺舉行隆重的傳戒儀式，因農曆五月十二日正好是圓瑛大師誕辰，為慶賀大師七十一歲壽辰，此次傳戒名為千佛壽戒。

▲圓瑛大師與慈航禪師師徒於檳城極樂寺傳戒

慈航禪師擔任羯磨和尚，吉隆坡千佛山明妙方

1948 年圓瑛法师在新加坡和慈航法师留影

丈為教授和尚，青龍宮丹守法師、極樂寺首座雲海法師、星洲達明法師等擔任尊證阿闍黎，瑞等法師、宏船法師、廣洽法師等擔任大師父、二師父及引禮師。

此次傳戒規模宏大，七眾弟子濟濟一堂，他們分別來自馬來西亞、泰國、印尼、緬甸及香港等地，當時還有英國人在場參加，並以電影拍攝記錄法會的過程，可以說是檳城佛教史上別具意義的一次。

法會結束後，還舉行了傳法典禮，慈航禪師等成為圓瑛大師嗣法弟子。

當時有很多佛教刊物都刊發了類似《圓瑛老法師在檳城付法與慈航禪師》的消息。上海靜安寺學僧出版的《學僧天地》第一卷第五期有消息云：「圓瑛老法師今春赴南洋弘法消息，曾志本刊。近在檳城極樂寺傳授千佛大戒，頗極一時之盛，戒期於佛誕日圓滿，是日將衣缽付與慈航法師，並舉行盛大付法典禮云。」

一九五三年九月十九日，圓瑛大師圓寂。消息傳來，身處彌勒內院法華關中的慈航禪師悲痛不已，作《風雨聲中悼我師》以示悼念。該文中說：「老人一生弘法，為教為人，慈善為懷，專修淨業，沐其受化者，何止半中國？自利利他之功行，老人必自知去處，吾人莫作杞憂可也。且大士弘化，乘願受生，去住自由。」他還於該文中說：「所望同門：秉老人之志，踐老人之行，上弘佛道，下化眾生，各人盡己力量，時間不論久暫，處所不問遠近，在其可能力及之時，自行化他，宜早努力，以報恩師可也。」

慈航禪師嗣法圓瑛大師，私淑弘一大師，求學於太虛大師，並乙太虛大師人間佛教為矢志，真實地反映出了他的忠誠信仰，無盡悲願，不分宗門學派，踐行六和，堪為後輩楷模！

下篇

30

佛教三大救命圈

慈航禪師在南洋各地均是以慈善、文化、教育為其行化的三大夙願，這也是人間佛教思想的核心要素。

所謂佛教三大救命圈，即慈航禪師所說的「教育、文化、慈善是佛教的三大救命圈」。這是慈航禪師一直積極宣導的理念，為時人所熟知。

首先是教育。慈航禪師認為佛教可以利益社會、救世救國，佛學可以融攝一切學術，國家和人民要受益就需教育，而僧徒是世間的教師。因此，僧教育顯得尤為重要，必須改革僧團，興辦各種僧教育機構，如此佛教就有希望，整個世界也就能和平安樂。

慈航禪師說：

我想辦一個佛教大學，內部分為五院：（一）農學院，（二）工學院，（三）商學院，（四）法學院，（五）佛學院。除了佛學院是專門研究佛學外，其餘的四院，都同普通所辦的大學課程一樣，唯每週加二小時佛學常識，今學生知道佛學內容是什麼？不至於完全門外漢，對於佛學有了認識，一旦畢業後，到各處去服務，自然護法為民。

我想辦一個世界佛學院：上面建一座佛塔，中座建一個大禮堂，門口建一座圖書館，而兩旁面對面建築各國僧伽學舍。前後兩進，前面樓不是會客廳，樓上是佛堂，後面樓不是飯廳，樓上是閱經室，而兩旁樓上樓下均是僧伽臥室，如錫蘭僧伽，住錫蘭學舍；緬甸僧伽，住緬甸學舍；暹羅僧伽，住暹羅學舍……如此，食宿行持上課都可分開，至大集會，大演講，則可齊集大禮堂，因此各國佛徒感情融洽，共作佛事。

其次是文化。慈航禪師認為應全面繼承和發揚佛教文化，透過整理出版佛教典籍和創辦各種佛教刊物，開展和舉辦佛教學術研究，普及佛教知識，傳播正信佛法，使佛教融入社會，弘傳到全世界，讓佛教文化成為人類智慧的寶貴財富。

慈航禪師說：

我想重編一部新藏經，拿中國固有各種的藏經來做藍本，其編法，先分佛教八宗叢書，把每一宗所有的經論注疏合為一帙，分之為八宗，合之為一藏，在經濟、攜帶、研究、查考，收藏都方便，全用新式標點符號。分兩種，一是袖珍本，以便攜帶；二是精裝本，以便供養，既雅觀又堅實，一舉兩得。此其一。

我想編一部《佛教百科全書》（或《佛學 ABC 叢書》），其編法仿世界書局出版之 ABC 叢書一樣；每一本分章分節，用科學方法及通俗文描寫，將各種佛經、佛論、擷其精華，舉其大綱，以介紹中學以上的程度學者作參考用。此其二。

我想編一部佛學英文叢書，把佛學裡面許多材料，譯成英文去貢獻世界。

最後是慈善。慈航禪師宣導佛教興辦各種實業和慈善事業，包括商場、工廠、醫院、佛教孤兒院、佛教養老院等，真正服務社會、利益大眾。

慈航禪師說：

我想辦一個商場，都是佛教信徒合集的資本，而裡面的職員，也都是信佛的居士；一方面可以收容失業的佛徒，一方面所得的餘利，可作各種慈善事業。

我想辦一個工廠，這工廠裡面的工人以及職員，也都是佛教徒。這樣，我們佛教徒既不會失業，同時所有的利息，也可以作一切慈善事業。

我想辦一個醫院，裡面的院長、院董、醫生、看護，都是佛教徒。這樣，一方面我們可以拿出佛教的大慈大悲去服務，另一方面可以常常用佛法去安慰他們。

我這些理想，只好算是理想中的理想，不然的話，那就要請大家發心。

慈航禪師的佛教三大救命圈理念貫徹著人間佛教積極入世、救世的精神，一改社會人士對傳統佛教的誤解，以為傳統佛教只是為了自了、服務死人等刻板印象。他在南洋等地創辦各種佛教教育機構、佛學院，開展社會救濟，積極弘法利生，無疑為現當代中華佛教的發展指明了方向，也為其贏得了社會各界的信任與尊重。

31
籌辦慈航大學

慈航禪師對於開辦僧伽教育的熱衷在當時是眾所周知的。

王嘉祿《檳城極樂寺圓瑛法師傳法之面面觀》中就說：「慈航法師近年以來，自西徂東口征筆伐無非想喚起僧眾，以文化教育為前提。倘使教育能以上軌道，佛教不革而革，不興而興矣。此為慈航法師所見獨到之處，亦即佛教同仁與社會人士所公認者也。」

在南洋，慈航禪師積極籌辦菩提學院、菩提學校、星洲佛學會、慈航友緣會等各種佛教團體，注重佛教教育，培養佛教弘法人才。由此，慈航禪師之以「菩提」之名而為時人所熟知，即源於他在星洲、檳城各地有創辦菩提學院、菩提學校之舉。其一九四八年農曆八月仲秋《菩提心影後序》中自述說：「慈航蒞南以來，星檳兩處，各有一菩提學院及菩提學校，人多不稱慈航，而稱菩提大師者，蓋依寺彰名也。」

慈航禪師在南洋還創辦針對普通大眾進行佛學教育、通俗演講的機構，主要的如星洲佛學會等。

星洲佛學會於一九四八年二月二十九日舉行成立典禮，由該會導師慈航禪師、法舫法師監誓，理事會各部職員宣誓就職。理事長為張輝東居士，副理事長為王盛治、李慈靈居士，祕書長為翁立夫居士，護法童子負責財政，宋興武負責總務，另有理事多名。

星洲佛學會成立大會之後隨即發表《星洲佛學會成立宣言》，由翁立夫執筆，其宣言中說：

佛教是科學的宗教，是求真理的宗教，是平等的宗教，是慈善的宗教，是靠自力的宗教。這是世界人士所公

認的。

溯自佛祖創教以來，迄今已有二千五百餘年的歷史，世界人士之信仰佛教者，究有多少？現在沒有統計，不得而知。但是佛教這個名詞，誰也會知道，這是無可否認的了。我們知道，世界上不論任何事物，倘使能夠存在而不為天演所淘汰者，當然他有他的存在的價值，佛教也不能例外。然則佛教既然有存在的價值，他的教理，當然也值得研究，值得弘揚和值得受用的。所以星洲佛學會之成立良由於此。

本會宗旨，第一步是研究佛學，進一步是弘揚佛法，再進一步是服務人群。這三點是我們的唯一職志，也是我們今後共同努力的出發點。

我們知道，不研究佛學，則不能得到佛的智慧。不弘揚佛法，則雖美不彰，雖盛不傳。不服務人群，則不能償大慈大悲救世度人的志願。為此，我們值本會成立的當中，亦唯有本著最懇摯的熱忱，與乎祖師為法忘軀的精神，鞠躬盡瘁，向前邁進，以期毋負初衷而已。

至於來日工作的效率，其所貢獻於佛教的本身者為如何？其所影響於世界文明進化者又如何？這些問題，皆非現在的我們，所能顧及的了。

從宣言中可知，該學會主要宗旨有三，即研究佛學、弘揚佛法、服務人群，亦即是佛教的教育、文化和慈善事業的另一種表達。慈航禪師作為導師，他的理念自然影響著佛學會宗旨的設定。

星洲佛學會成立之後，在慈航禪師、法舫法師（廣洽法師也是星洲佛學會導師）的指導下，會務蒸蒸日上。

該會還積極開展各種佛教弘法工作，星洲甚至南洋大部分佛教的各種活動都可以見到佛學會的身影。例如，民國三十七年（一九四八）九月出版的《佛教人間》第一卷第十期佛教簡訊稱：星洲佛學會每星期日舉行通俗演講會，計已十周，第八、九兩次演講會，恭請本會永久導師慈航禪師主講。

仰光佛學會亦是如此，每週舉辦佛學通俗演講會，主要內容有「佛化家庭」「各教之異同」等。

再如，太虛大師圓寂周年（一九四八年三月）紀念之際，星洲佛學會等都出資捐贈，作為紀念活動開支，並用於佛教人間社，出版大師紀念專號等，有剩餘者則寄回中國印刷太虛大師全書，以廣流通。

又，星洲佛學會附設佛經流通處，敬送《六祖壇經》、各宗經典講義書籍，一律免費奉贈，並銷售龍藏等。

菩提小學、菩提中學之外，慈航禪師另有籌辦慈航大學的志願。籌辦慈航大學應該是入臺之前的提議，直至慈航禪師入臺尚未完成。

慈航禪師門下居士吳丙林（弘法）在《致慈航法師書》（一九四八年）中曾提及籌辦慈航大學之事：

頃得法錄，並相片紀念章各一，拜領之餘，曷勝歡慰！星洲再航居士（即畢俊輝）及護法童子法師處，晚早亟欲與之通訊，俾資聯絡，而奠日後公事之基也……南普院清淨優雅，食居其中，正覺行暢，誠讀書養性之良好場所也。明春畢業，晚決遵師命，先來臺追侍左右，研究佛法，以冀完成宿願也。晚觀今日佛教，正瀕絕關頭，其發展振興之道，恰如老師所言，首重教育培養四眾弘法人才，俾得適應時代潮流，與迫切需要，宣揚我佛教救人救世之偉大精神於舉世人士，奠定真正和平，如此晚亟盼慈航大學能加緊籌備，早日實現，造就濟世人才，以後再糾集學品兼優之士，組織世界佛學訪問團……

實際上，籌辦慈航大學的提出最早是在慈航禪師五十三歲誕辰之際，也即一九四七年八月初七日。

一九四七年《佛教人間》雜誌刊發題為《慈航禪師五三誕辰發起籌辦慈航大學》的簡訊說：「慈航法師五三誕辰紀念日，門徒駕臨祝嘏者甚眾，旋即發起籌辦慈航大學，校址擬設在浙江杭州，其性質與中國國內一般大學相同，現已成立籌備委員會，開始進行工作。」

原來，慈航大學的校址擬設在浙江杭州，其性質與一般大學無異。

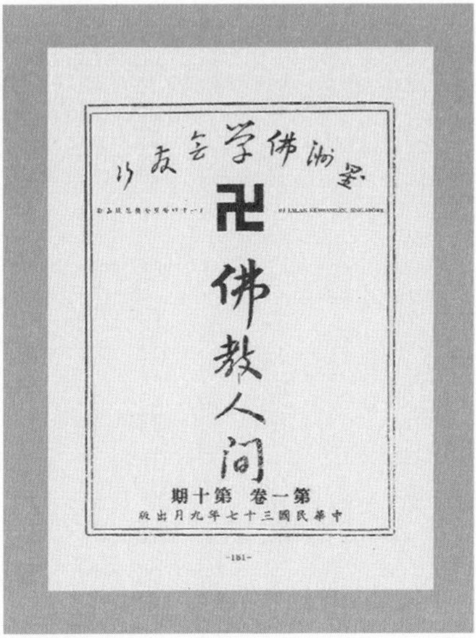

▲《佛教人間》雜誌書影

《佛教人間》第二期發表慈航禪師《吾愛吾教亦愛吾國》一文，其中表露的就是慈航禪師提議籌辦慈航大學的真正用心，他說：

「國家興亡，匹夫有責」，「佛教興亡，僧徒有責」，斯二語，已為老生常談。然則，今之國是何國，今之教是何教？吾不忍聞，亦不願聞！

吾不忍言，亦不願言！奈何，果不聞耳？果不言耳？非也。嘗聞讀：宋玉對楚王問：「先生！其有遺行與？何士民眾庶不譽之甚也！」宋玉對曰：「唯然，有之。原大王寬其罪，使得畢其辭。」吾必曰：願大德言其弊，俟使得畢其願！吾竊思之，何期得人入深山？幽高棲岩谷，途終修淨土，或作禪觀，不聞國是，那管教非。不發一言，莫下一筆。我既與人無諍，人亦與我何怨？奈何，無諍而妄起諍，無怨何而妄結怨！既自惱人又惱他，既縱非愚亦非即狂，倘能終日如上木，遑問將來成佛與否？即此生亦已成人間之神仙矣，千足萬足。何奈，耳未聾，目未閉，而氣息猶存，焉能裝聾作瞎耶？不聞乎風雲變色，草木含悲，盧舍為墟，怨聲餓殍載道！吾民何奈，應得如是之恩賜耶？不見乎波旬作祟，鬼哭神驚，寶殿梵宮皆變成魔窟！吾僧何罪？應獲如是之義利耶？此無他，人心已喪盡矣。

欲救此不療之沉痾，非創辦「佛化教育」不為功。蓋國家之興衰，全賴教育良與不良為樞紐，教育良，則人心向善，而國必興；教有育不良，則人心趨惡，則人心向惡，而國必哀衰。此有識者所公認，非吹毛求疵之可耶比！

然則，教育應如何方稱良善？一語而蔽之曰：以「佛心」為教育之靈魂也，果能以「佛心」之教育而培育英才，則凡求學受業者，皆可稱之曰「佛子」。一旦畢業後而服務社會，為政者以佛心治事，則政治何曾非佛事？更何處覓貪官污吏？為商業者以佛心經營，則經商亦係佛事之一，又何處覓奸商市儈？政治及經商如此，其他一切莫不如此。內有高僧弘教，化導人民，外有護法檀那，安僧持法：「佛法得世法而興，世法待佛法而治。」此理易明，瞭若指掌。果能合全國寺產自動創辦佛化教育，教育佛心人才，非但救教，亦可救國，既可免外人有覬覦之心，又可作自利利他之弘業！

奈何執迷者固未自悟，而捨本逐末者亦大有人在。時已追迫矣，日已暮矣。縱不自毀為，亦必有越俎代庖者在。彼時玉石俱焚，城門失火，必至殃及池魚！吾為教憂，亦為國憂。吾願高枕無憂者，稍留意者焉，欲佛救教救國者，非創辦「佛教大學」不為功，焉能「引商剎刻羽」？試「起而和之」也可？寫於母親難日於發起慈航大學籌備處。

從上可知，慈航禪師認為國家興亡匹夫有責，「國家之興衰，全賴教育良與不良為樞紐，教育良，則人心向善，而國必興；教育不良，則人心趨惡，則人心向惡，而國必哀衰。」作為佛教徒更要有這個救國的責任，而佛教要救國，就必須為國培養輸送人才，以此，非創辦佛教大學不為功。

《佛教人間》第二期還刊發陳麗池居士《希望慈航大學之成立》及翁立夫居士《籌辦慈航大學的緣起》。在《緣起》中提及，慈航大學之命名與慈航禪師有關：「『慈航』是我們法師的法名……我們以慈航為校名，即尊師重道的意思。」

更值得關注的是，慈航大學的籌辦乃是順應時代需求，爭取與基督教教會大學一樣辦出自己的特色。

應該說，籌辦大學一直是慈航禪師理想中的事業，他理想中的大學是國際性的佛教大學，而且並非局限於佛學，士農工商等專業的人才都可以得到培養。

正是看重慈航禪師在南洋一帶弘化的卓越成就，特別是他對僧伽教育始終不渝的追求，在弘宗法師的介紹之下，臺灣圓光寺住持妙果法師致信慈航禪師邀其入臺創辦臺灣佛學院。

32 入臺印象

一九四八年七月十三日，一艘航船緩緩駛進臺灣高雄港。高雄，曾被傳教士們稱為打狗（Takow），自古就是閩臺兩地船隻往來的重要港口。應寶島臺灣中壢圓光寺妙果和尚之請，慈航禪師輾轉從新加坡啟程途經廈門乘船二十餘日抵達高雄，開始了入臺創辦臺灣佛學院的歷程。

入臺之前，慈航禪師在一九四七年五十三歲壽誕（八月初七日）前結束了為期三年的閉關（楞嚴關）。

三年關中，慈航禪師每日放焰口及講課，還創辦《人間佛教》、《佛教學校人間》及《馬來亞素食特刊》等中英文月刊，流通歐美各國。

出關之後，慈航禪師在馬來亞各地組織佛學會並努力地弘法。《學僧天地》第一卷第五期消息《慈航法師將赴臺灣創辦佛學院》云：「慈航法師在南洋閉關三年，業已期滿，正行

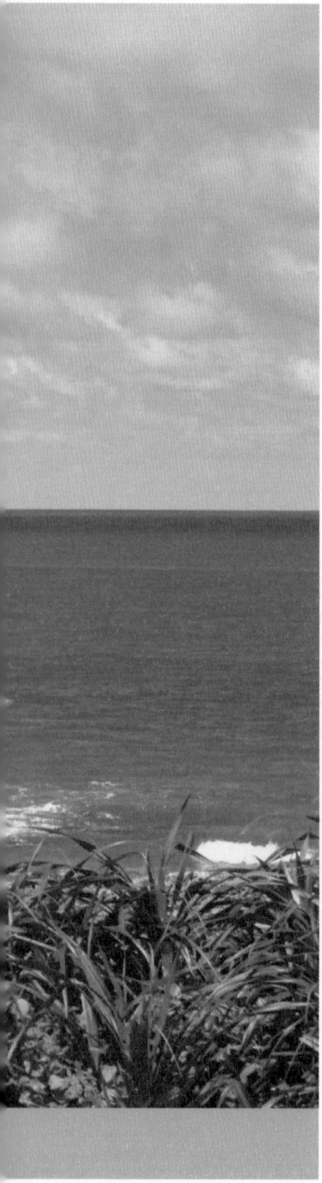

腳馬來亞各地組織佛學會，俟該地工作告一段落後，將應臺灣佛教界之邀，前往創辦臺灣佛學院云。」而星洲《佛教人間》第五期亦提及：「本社社長慈航法師，出關以後，弘化工作甚忙，已於本月十六日離星，往各處弘法，現已安抵吉隆坡云。」

出關之後的慈航禪師確實是「弘化工作甚忙」，他曾經寫信給弟子護法童子說及自己的工作安排，他說：「上午八至九唯識，九至十覆講；十至十一五蘊，一至二覆講；下午二至四通俗，七至八覆講；星期二、四、六下午二至三時半則在菩提學校講四書及佛學。余身雖忙，而心甚愉快！大約七月間可赴臺灣、南洋各地工作，可由各自負責。」該信函中慈航禪師不禁有「余老矣」之歎，他還勉勵弟子們要報四恩，及時努力。

在忙完了南洋各地的弘法工作，交代好南洋的事務之後，慈航禪師準備應邀入臺了。臺灣，美麗的寶島，慈航禪師也是第一次踏上這片土地。

慈航禪師在《我所見到的臺灣》一文中欣喜地描述了自己入臺的所見所聞所感，他說：

久聞臺灣是樂土，非親眼看見是不大相信，由一個機會給我由南洋送回這親愛的臺灣，數月來所見到所聽到所知道的一切的一切，真是出人意料之外——稀奇！

只從兩方面來講：一、民間的和樂。由廈門乘船一到了臺灣的高雄，再乘大車到了我們的目的地——中壢鎮（現為中壢市），第一個印象，所看見的遍地都是黃金，那時正在割稻田，遍地都是稻穀，沒有一塊是荒墟的空地，除了稻田之外，那就是蔗田——黑皮甘蔗，哪怕就是一個小角落，不是種番薯，便是種蔬菜，臺灣米和臺灣糖，是久聞於世的，不但是能自給自足，尚能供濟外地，生活是民生的大計，是人民不可少的大前提，而臺灣可算是能將此大前提解決了！「臺灣之地豐富，臺民之勤勞」在這兩句話裡面，可以做臺灣的寫照，當之無愧。

其次，不但人民的勤勞，可以作全國人民的模範，他們那種樸素和禮讓，也就能感動人心，除了少數人衣冠較華麗外，而十之八九，都是穿著土產，很少有洋化，尤其是我們在火車上，群眾的聚集場，不難看見他們那種禮節，都可以代表臺灣的民風，我不能用什麼語言來形容它，只好說一句，恐怕是桃花源裡面的人物吧。

慈航禪師繼續寫道：

佛徒的廣泛。上面的是臺灣人民的本質——豐富、勤勞、樸素、禮讓……大概說了一點，至於佛教方面，又是怎樣呢？聽說臺灣大多人口，有三分之二，都是佛教徒，這在家庭中樓上樓下所供的佛像，就可以看得出來。見了佛像禮敬，看到僧尼鞠躬，一見之下，就可以知道他是一位佛教徒，尤其是臺灣的佛教，有一種特別的風味，每一個寺廟有一個組織，叫做信徒總代，他們做到這信徒總代，也覺得非常的光榮，對於他這個寺院裡的一切的一切，好像自己家裡的事情一樣，盡心盡力去幫助，這就是我從前在南洋人間佛教月刊上，提倡過中國的佛教，每寺廟要組織一個護法團來維護佛教，免得寺產任人摧殘，僧尼被人欺侮，誰知在臺灣這塊樂土，早已實現了，所謂先得我心，尤其是女眾的寺廟較多。

現在所發現臺灣佛教的風氣，就是人人愛求學，並不是寄生式的、暮氣沉沉、死後往生的，是靈活的，是活潑的，是佛教人間的，我只希望一班大德起而提倡，將臺灣整個的佛教來振作一下，這成績一定是大有可觀作為佛教的模範地區。

這當中論及臺灣的佛教。慈航禪師以外地人的敏感來觀察臺灣的佛教，其中主要有兩個方面值得注意：一是信佛的普遍，所謂臺灣家庭中樓上樓下都供佛像，這還是保留著明清以來臺灣的傳統；二是有一種特別的風味，這就主要是臺灣佛教組織或團體與大陸傳統叢林的差異，包括僧人的「人人愛求學」，這明顯是受到日本佛教的影響了。

對於後者，慈航禪師有著特別的關注，畢竟這是他一直的主張，在他離開星洲前往臺灣時發表的《臨別贈言》中即明確地說：

然而努力要從兩方面去做：一方面是聯合教團共同去做，一方面還要個人努力。例如：有許多事情自己一人做不到，那非要群策群力不可。但是，人心不同，各如其面，有許多事大眾是不會一致的。那麼，只要你認為這件事對佛教，對國家，對社會，對人群，是有利益的話，縱然得不到別人同情，不妨自己去負責，「認定目標，有進無退」。所以平常我對於佛教團體，非常贊成！

作為初次來臺的客人，慈航禪師眼中的臺灣充滿朦朧的溫情與美感，這是人之常情。然而臺灣風俗人情的演化實在是一部厚重的充滿辛酸血淚的歷史，臺灣佛教之所以呈現出此時的風貌，也經歷了漫長的歷史演變。

慈航禪師雖然對臺灣佛教充滿了期待，對臺灣的在家、出家佛教徒給予了極大的希望，然而現實總是複雜而多變的，臺灣也並不是所謂的「桃花源」，他在臺灣的境遇絕不會是一帆風順的。

大陸僧侶的來臺弘化，慈航禪師並不是第一人。日據時期福建僧人特別是與鼓山法系較有因緣的僧人入臺較為普遍，其中最著名的就有虛雲大師、圓瑛大師等。

臺灣僧伽教育，臺灣佛學院的創立也不是開風氣之先的。日據時期，臺灣僧伽教育已有所開展，如一九一七年四月正式開學的臺灣佛教中學林就是臺灣佛教史上第一所正式的佛教學校。該校由日本曹洞宗僧眾開辦，得到了善慧法師、本圓法師、齋教先天派、臺南開元寺等的大力支持，學制三年，其中出家僧侶和在家信徒各占一半。該校學生在臺灣讀完三年之後還可以編入日本山口縣曹洞宗多多良中學就讀四年級，畢業後優秀者可以進入駒澤大學深造。

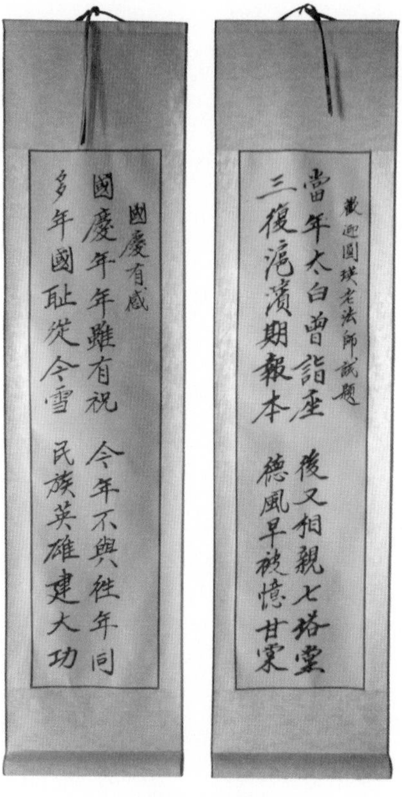
歡迎圓瑛老法師試題
當年太白曾詣座 後又相親七塔堂
三復滬濱期報本 德風早被憶甘棠
國慶有感
國慶年年雖有祝 今年不與往年同
多年國恥從今雪 民族英雄建大功

▲慈航菩薩墨寶

33
巡臺演講

邀請慈航入臺的是中壢圓光寺妙果法師。

妙果法師（一八八四～一九六三），桃園人，俗名葉阿銘，一九一一年在鼓山皈依覺力法師披剃，時年十九歲。二十九歲時在鼓山湧泉寺受具，後弘化四方，曾獲得日本永平寺及總持寺贈授金襴袈裟，更受到日本內廷供養。

臺灣光復以後，其建立的圓光寺面臨著新的機遇與挑戰，妙果法師遂決定透過僧伽教育以使圓光寺繼續傳承與發展。這時，在南洋弘化多年、備受讚譽且積極投身於僧伽教育之努力的慈航禪師就進入他的視野了。妙果法師與慈航禪師在僧伽教育理念與志願方面的契合，這是他們能夠正式聯絡並促成慈航禪師離開久化之南洋而選擇入臺開闢新事業的基礎。

民國三十七年（一九四八）三月十九日，妙果法師代表臺灣佛學院致函星洲佛教人間雜誌社，信中說（《佛教人間》第一卷第十期全文刊發，題為《臺灣佛學院致慈航社長書》）：

未晤慈顏，久切雲霓之望，瞻尊影，尤深景仰之思。緬維慈航大法師法座，竊思自五十年間遭異族壓迫，痛叢林之不振，歎佛教其衰微，風俗澆漓，人心不古，達摩東渡，徒記雲深，少室之棲，只履西歸，空留面壁九年之影。禪理莫辯，大法誰傳，五蘊難空，六根孰利，有心佛道者莫不扼腕而諮嗟。拙衲等有鑑於此，曷勝感慨無量，爰集同志，久欲興創佛學院以為培養佛教英才，續佛慧命起見，但又苦乏之師資，無任慨歎，乃久聞大法師慈悲為懷，度眾是切，久已名彰中外，四海同欽，故敢攀巨駕，不辭老瘁，盼作叢林砥柱，允推後學津梁，於是另作聘書，用申雅意，千祈不我遐棄，欣然就道，以慰渴懷，不勝盼望激切之至。

民國三十七年（一九四八）三月十九日，圓光寺住持釋妙果、副住持釋弘宗。

另附《聘書》：

慈航大法師，茲為本省佛門同志，多年要創辦臺灣佛學院，以開導全臺各寺院出家僧侶學識，培養佛門弟子及有志之士為主旨，唯欲選師資難得乎其人。因久仰大法師道富德厚，才學兼優，實足為叢林模範，後學津梁，於是特修聘書，用表尊敬，請大法師為本佛學院院長，望為不棄是荷。

民國三十七年（一九四八）三月

慈航禪師抵達臺灣之後，連日來都受到臺灣各界的熱烈歡迎，各處邀請其發表演講，可謂是席不暇暖，一日之中甚至拜訪多處，發表演講多次。

《慈航法師巡臺弘法遂侍記》完整記錄了當時從十五日開始一直到二十九日慈航禪師完成第一次「北部巡教」的情形。

慈航法師由南洋新加坡起程經二十餘日之後，於十月半抵高雄港，直到中壢圓光寺駐錫，路途受該地民眾鼓竹之極大歡迎，翌日附近寺廟緇素多人到寺頂禮

拜謁，法師高興，連日連夜為眾人演說佛法。

十七日受李子寬居士等之訪問，該夜以團結佛教為題，開示亙一點鐘，聽眾五十餘人，歡喜信受。

二十一日上午九時，受中壢鎮（現為中壢市）公所中壢合作社之共同聘請，為該機關團體百餘人，以佛教與救國為題，橫說豎說鼓吹愛國精神，亙一句半鐘，極受感激，盛極一時，該夜投宿中壢元化院，以正式信仰為題，演說佛法，僧尼信眾百餘人，感激無量。

二十五日上午十時法駕臺北，赴受分支會合辦之歡迎會，出席者分支會理監事，凌雲寺、靈泉寺、靜修院、寶明寺、一信寺、各寺廟代表等六十餘人，在東和寺佛殿一一拜謁法師後，十一時半入宴，首由分會理事長述歡迎詞，次由法師答詞，其次由李子寬居士述感想，及贊詞，宴畢，下午一時在觀音堂，請法師演講，即以今後佛教徒應取的態度為題，滔滔演說，亙一點半鐘，態度懇切，句句直言，下午三時受善導寺之請，法駕該寺說法亙一小時，下午七時半又在太平町張亦泰樓上為一般信者說法，以信仰的條件為題演說，亙一小時聽眾四十餘人，歡喜信受。

二十六日上午視察市內神廟，下午三時法駕北投法藏寺，演說亙一小時，該鎮鎮長、區長、鎮民等四十餘人到寺參觀，午夜特為該寺住眾等指導修持方法。

二十七日法駕汐止靜修院，下午三時說法，以怎樣了生死為題，懇切演說唯識心理，聽眾六十餘人，感激信受，得未曾有，該日不拘風雨，由基隆方面而來參觀者達七八名，晚上特為熱心者指導念佛方法及佛教歌謠詩歌等。

二十八日法駕月眉山靈泉寺，法師因於二十年前在檳城極樂寺會晤靈泉開山善慧和尚，又因靈泉柱聯多出於太虛大師所作，感慨無量，即於下午二時在大客廳，以怎樣做正信佛教徒為題演說大法，亙一點半鐘，聽眾約六十名多屬基隆市支會會員，各皆歡喜信受，下午四時在法師寮為一般人心者作問答演說，頗獲效果。

二十九日上午九時法駕臺北市古亭町十善寺，十時為該寺一般信徒，在講堂，以佛教與國家之關係問題，熱演亙一點半鐘，參聽者省市參議員區長，該寺董事等六十餘人，熱心傾聽盛極一時。紀念攝影後下午二時法師與隨行者共三人，獲得極大成績完了第一次北部巡教，回返圓光寺了。

關於二十五日東和寺的歡迎大會，律航法師回憶說：

三十七年（一九四八）秋七月，臺北東和禪寺，歡迎慈航大師大會，各界人士，四眾弟子，約五六百人，上午十時同在大雄寶殿恭候大師駕臨。忽見黃衣僧人，胸懸缽器，相貌魁偉，後隨十數僧俗，順序進入大殿，先行禮佛，後與大眾問訊，群眾一齊頂禮接駕。

然而，對於連續的演講邀請，慈航禪師深感與本願相違，他自己的志願乃是在於推行僧伽教育，講經說法非其本願。慈航禪師曾說：「講經弘法不是我的本願，我的本願是培植人才。因為普通講經說法的法師很多，辦教育的人少。同時住持佛教是需要人才的。」

他之來臺正是要伸展其手腳，積極實踐新式僧伽教育的理念。慈航禪師對即將上任的臺灣佛學院院長一職充滿了期待。

34

曇花一現

一九四八年十一月二日，臺灣佛學院隆重舉行開學典禮。一時四眾弟子雲集，當地官員、佛教會代表、各大寺院住持等共計一百五十餘人參與。佛學院首批招生共有六十名，其中男生二十名，女生四十名，由慈航禪師擔任院長。開學典禮上慈航院長發表演講，報告創辦佛學院的宗旨，洋洋灑灑數千言，聽者無不動容。

慈航禪師在《創辦臺灣佛學院宣言》說：

宗教為社會文化重要部分，世界之大，人口之多，總其大端，不出五種，即佛教、耶教、回教及其餘旁支宗教，並不信宗教之人是也。嘗聞世界人口之總數，佛教徒占三分之一，實非過語也。

試觀錫蘭、緬甸、暹羅、尼泊爾、安南、日本、朝鮮等國，固以佛教為國教，即西藏及蒙古，亦何嘗不以佛教為政治之中心？此有識者之所公認。不特此也，即新興之佛教，已擴展至歐美各國，蓋英、美、德、法，均有佛學會之組織，並有佛教刊物出版，佛教信徒有數百萬之多；即反宗教之蘇俄，亦有數萬人研究佛教；此潛在力量之偉大，誠非一般人所能逆料也。其故何在？揆其原因，際此科學風行之時，物質受用固已登峰造極，而精神不安，實屬難以寄託。一般有識之士，審其潮流，察其大勢，非有一無絲毫神祕之宗教，不足以安人心；其學說可以公開研究或討論，其目的可以平等達到並實現。故佛教學說正當此機，何怪乎無翼而飛，不脛而走，非無因也。

中國雖未以佛教為國教，然有二千年之歷史，對於中國之文化，實有莫大之關係。且民情、風俗、習慣在在處處，對於佛教均有不可相離之勢。不過中國之佛教曾被封建時代所利用，所謂以神道設教，作愚民政策。吾人果能棄沙取金，將其帶迷信色彩之附庸品，一廓而清，則理智與人生有關係之學說，一躍而上；理智之佛學，將與三民主義可以互相表裡，將見中華民族，為世界首屈一指，決非迷信科學者所能想像也。

▲慶雲寺聖湖冬景

臺灣淪陷於異族人之手，五十年來固堪疾首，然民眾信仰佛教尚未後人。雖一時曾被帝國主義者所利用，純潔無瑕之佛教，致蒙不白之冤，然亡羊補牢，猶未晚也。

我們教徒果能一心一德，栽培弘法幹部人才，將理智正信之佛教，努力宣傳，使一般民眾對於人生佛教之哲理，深印於腦海中，則正心，修身，齊家，治國，平天下，猶如反掌。……則提倡佛學教育，實不可緩。同人等本此意旨，為國家計，為民族計，故有創辦臺灣佛學院之舉。所望愛國之士，凡有心提倡智育德育者，盍興乎來。

從《宣言》來看，慈航禪師將臺灣佛學院的創辦意義定位於三個層次：

第一、適應世界社會發展潮流，科學固然重要，然物質受用固已登峰造極，而精神不安，實屬難以寄託，非有一無絲毫神祕之宗教，不足以安人心；

第二、佛教有助於文化之發展，民情、風俗、習慣在在處處，對於佛教均有不可相離之勢，欲光大中華民族文化，必當興盛佛教；

第三、臺灣在日據時期飽受摧殘，佛教之興，可以有助於正本清源。

臺灣佛教界對慈航禪師在臺及臺灣佛學院的創辦都表示了熱烈的歡迎，一些高僧大德都積極向自己徒子徒孫們推薦慈航禪師及其佛學院。慧岳法師回憶當時他的師父在講經之前當眾說：

我們臺灣佛教幸福，你們今後有佛法好聽了，中壢圓光寺現在請來了一位多年在南洋弘法成績卓著、名聞海內外的慈航大法師來臺弘法，他的學問，道德都比我好得多；又慈悲，又發心，大家要多多去親近他，常常請他來講經，一定會獲得好貴的開示，得到無上的利益，不再有無處聞法的苦悶了，也不必老是向我這德學俱缺的人要求，當換換新空氣，聽聽新理論。

從《臺灣佛學院簡章》等相關文件來看，佛學院的辦學宗旨為：「研究佛學、弘揚佛法、啟發智慧、導人為善。」

佛學院院務管理方面，《簡章》設定如下：

【第十一條】本院學僧正額定四十名：高中程度二十名，初中程度二十名。遇必要時得收旁聽生。

【第十二條】本院學僧，全係出家男眾，年齡在二十歲以上，四十歲以下，體格強健，無不良習氣與嗜好，經人介紹並保證其一切行為，由本院考試及格後方准入學。

【第十三條】本院學僧凡入學時，須填寫志願書及保證書，並二吋半身相片三張，保證金十元，至畢業時發還。

【第十四條】本院肄業期限，暫定為三年，學膳宿費免收，每月津貼零用五元，教科書由院發給，參考書個人自備。旁聽生除免繳學費外，其餘一切均須自備。

【第十五條】本院學僧，如違反院規，得勒令其中途退學；除沒收其保證金外，並追繳膳宿及津貼書籍等各費。

【第十六條】本院學科分為：（一）佛學（二）國文（三）英文（四）常識四科。

【第十七條】本院董事會每學期開會一次，常務董事會及常務監事會每月得舉行聯席會議一次。如有特別事故，得臨時召開之。

【第十八條】本院一切財政公開，預決算及所有院務須經開會通過後施行之。

【第十九條】本簡章如有未盡事宜，經董事三分之一之提議，召開全體董事會議修改之。

《簡章》規定佛學院正式名額共計四十名，並可以收取旁聽生，且要求學生具備一定的文化程度，年齡方面也是年輕化。所學內容主要有四大科，即佛學、國文、英文和常識。實際上還有一門思想政治課即三民主義課程。

臺灣佛學院的師資與課程如下表：

一	慈航禪師	佛學	院長
二	無上法師	佛學	妙果法師弟子
三	黃如初居士	三民主義	後出家，即律航法師
四	張陶英居士	國語	
五	張金鑾居士	英文	

《簡章》第十五條所提及的院規，係院長慈航禪師於一九四八年十一月一日手訂的，共計十條：

一、凡圓光寺固有規約本院概不干涉，均由本寺住持及執事人員負責管理；
二、凡本院正班生除旁聽者外，一切行動均由院長及教員指導之；
三、正班生應遵守院長指導及約束；
四、正班生上街時應向院長告假及銷假；
五、正班生早晨應一律齊集禮堂靜坐；
六、正班生上課時不得遲到先退；
七、正班生絕對不能吸菸，違者退學；
八、正班生絕對遵從院長指導，故違者退學；
九、正班生於上課及自修外，不得搬弄是非；
十、正班生如有心中不滿意事，可直向院長要求解決，而院長亦絕對秉公辦理。

如不奉告院長，自己任意攪群亂眾者，一經查出立即退學。

此中十條院規，其中有五條論及「院長」負責，可謂是大小事宜概莫能外。因為當時的臺灣佛學院實際上只有院長慈航禪師一人擔任教師，後來才陸續增加了黃如初居士、無上法師、張陶英居士、張金鑾先生等，並增聘慧三法師教授「十宗略說」。到了一九四九年三月，應慈航禪師的要求又聘請了上海來臺的圓明法師、守成法師擔任教職，整個佛學院的教學才算較為完整。就學生來說，開學一個月內增至百餘人，第二個月又只剩下了五十餘人，波動較大，即便如此，大家的學習熱情還是十分高漲。

佛學院開學初期的情形，當時的教員、後來的律航法師回憶道：「開學後，一日六堂，大師一人擔任，口講指畫，毫無倦容。旁觀者頗覺其太勞，婉勸可否稍減兩堂。大師說：『如律航擔任國文，護法擔任國語，我就上下午各減一堂。』我二人親近大師，聽講佛法，答應試行擔任。大師大悅。如是教學相長，其樂融融，直至次年畢業。」

當時的學僧心悟法師亦深情地回憶說：「卅八年（一九四九）春，我們親近他老人家在中壢圓光寺的時候，那時他老人家的精神非常好，每天要和同學們講五六課。有的人看見他老人家年紀那麼大，又那樣不辭辛苦的講課，生怕他老人家太辛勞了，於是就煮了一點稍微中吃的東西供養他，並勸他每天少講幾課，要保重身體。然而他老人家是從來不為自己著想的，他把人家供養他的東西統統分給同學們共吃，那時他老家人常對我們說，我沒有生命，我的生命就是你們！人家供養我，關心我，我並不感謝他。如果有人能愛護你們，關心你們，那我才感謝他呢！」

不過，擁護者所希望的「臺灣佛學院萬歲」並不現實，當時臺灣的政治、經濟和社會形勢日趨嚴峻，佛教寺院也遭遇了極大的困境，依靠圓光寺經費支持的臺灣佛學院不得不於開學半年之後宣告解散，於一九四九年六月舉行畢業考試和結業典禮。

實際上，妙果法師及其所在的中壢圓光寺並非想像中的那般財力雄厚，臺灣佛學院師生們的生活與學習也並不像一些文字報導中所展現的那樣轟轟烈烈，而是十分的清苦。圓光寺的建築只是破舊的平房，沒有巍峨雄偉的大殿也沒有開闊的庭院，甚至連江浙地區一般小寺院都不如，佛學院也僅有一個小小的僅容數十人聽講的小講堂。臺灣佛學院對外宣稱為「佛學院」，但內部連慈航禪師都稱之為「訓練班」，足見其辦學條件之簡陋、之不易。

35
命運多舛

當時因為大陸時局影響，許多青年僧人入臺，就陸續前來投奔慈航禪師。圓光寺接納了許多大陸來的僧眾，人數越來越多，鑒於條件，最後只能表示不再接納大陸僧人。

大家雖然難過，卻也無可奈何。當時每個人的心情都是十分沉重。

隔天清晨，天氣陰沉沉，慈航禪師右手拄著手杖，左肩膀上套著一個藤籃，領著新的同學，離開了圓光寺，帶領部分學僧前往基隆月眉山靈泉寺創辦靈泉佛學院。

靈泉寺一時幾乎成為臺灣佛學院外第二教學中心，大陸的默如法師、戒德法師、佛聲法師、雲峰法師等到來之後，慈航禪師遂將此處教務交予他們辦理，自己前往獅頭山再謀新地。但靈泉佛學院並未建成，住在這裡的大陸僧人到一九四九年夏也由於各種原因而離開了。

一九四九年五月一日，承蒙獅頭山勸化堂達真比丘尼和開化寺住持達明比丘尼的邀請，慈航禪師偕律航法師等在獅頭山創辦佛學院預修班。但在講了半個月課之後，慈航禪師得了痢疾，只好去新竹療養了。

一九四九年六月，圓光寺臺灣佛學院大部分學僧畢業後都返回原來寺院，尚有一些學僧無處安身，於是慈航禪師與妙果老和尚透過商議，圓光寺收留了十位法師，其他人則由慈航禪師帶領到別的地方安住。當時律航法師留住圓光寺，負責照應留院的同學，慈航禪師則帶十幾位同學到了新竹靈隱寺結夏。

從離開圓光寺到後來安住在彌勒內院的這段日子中，慈航禪師無時無刻不在為學僧們的食宿擔憂與奔波。

每到一處道場，慈航禪師便請求那裡的住持說：「請你們可憐下，收容我們這幾個學生。」「請你們發發心，幫幫我們兩個同參住在這裡。」他為了安頓僧青年，可以完全不顧自己的「身份」！

到此，經過報紙宣傳而使人倍感轟轟烈烈的慈航禪師千里迢迢入臺創辦臺灣佛學院的壯舉竟如曇花一現般結束了！

有學僧感慨：自一九四八年十月（實為十一月）初二至一九四九年六月初一，扣除寒假、過年的四十五天——十二月十五日至正月末，實則只有六個月又十五天而已。

慈航禪師先後創辦了三個佛學院，但都是這樣命運多舛！這段臺灣佛教史上的事蹟被後人稱為「意義重大」，是「為光復以來的臺灣佛教，建築了僧教育的基礎」。

慈航禪師於臺灣佛學院結束前（一九四九年五月二十四日）則坦言：「現如臺灣佛學院、新竹佛學院、靈泉佛學院、獅山佛學院、靜修佛學院、觀音山佛學院，諸如此類，或已辦，或將辦，或主辦，或助辦，莫不與慈航均有少分關係。至於時間或暫或恆，或存或謝等，原非吾所計。」他是但盡其心而不計其功。

36 於善導寺的呼籲

一九四九年春天，臺北善導寺舉辦了為期七天的護國消災法會。

慈航禪師在第四天到場。學僧們知道那位弘化異邦、現受邀入臺主持臺灣佛學院的黃衣僧——慈航禪師來了，紛紛搭衣去禮拜他。

見到這麼多青年學僧來了，慈航禪師高興極了，他說：「各位來這裡都安頓好了嗎？吃住可都習慣？」

學僧們自是傾訴自己的苦水，有些僧人連安身之地尚無著落呢。

當時大批青年僧人入臺，主要是因為無人敢於接收，所以無法遷移戶口；即便找到接收者，也因無人擔保而作罷。

慈航禪師在這時卻拍著胸脯說：「你們都到我這兒來，我為你們擔保！」這在常人看來，這是一個多麼沉重的「包袱」啊！

看到那些僧青年們的眼神裡重新燃起了求學的希望，慈航禪師感覺欣慰極了！隨即將南洋的弟子剛匯給他的那些錢，統統請了《太虛大師全書》，一一分送，見者有份。

期間，主辦方邀請慈航禪師開示。

慈航禪師走上臺，他說：「近來，我們臺灣的佛教很興旺啊，佛門的大德們都來臺灣了，這是好事，青年學僧們可以親近親近這些大德。對於這些佛教的大德，我們要恭請，讓他們在這裡衣食無憂，給他們提供最好的環境，讓他們說法度眾生，這完全是應該的，也是在座各位護法居士應努力去做的。

慈航禪師話題一轉，接著說：「可是，也有大批的僧青年也來臺灣了！佛教能少了僧青年嗎？大德是從哪裡來的？也是從僧青年慢慢培養起來的！僧青年才是我們佛教未來的希望！青年興則佛教興，青年惰則佛教沒。我們今天用什麼樣的態度對待僧青年，就是用什麼的態度面對未來的佛教！

我聽說很多的僧青年來到臺灣，無依無靠，到處飄蕩，沒有歸宿！在座諸山長老、護法居士們，大家捫心自問，自己是否為他們出了力、盡了心呢？都屬佛子，你們忍心看著我們佛教未來的希望就此磨滅嗎？」

演講的時候，慈航禪師的眼淚像雨點般地落下來。

在座的十幾個僧青年，沒有一個不趴在桌子上失聲地痛哭起來！

37

牢獄之難

一九四九年，大批青年僧人紛紛入臺投奔慈航禪師。但當時的臺灣，實行入境限制，最後只有少數人得以成行。

性如法師歷盡艱辛來到了臺灣，在若水戒兄的指引下見到了慈航禪師。他的右腳剛跨進老法師的房門，就聽到老法師說：「坐，坐，不用磕頭！」

性如法師為了表示尊敬，還是磕頭了。

「哈哈！你在船上很辛苦了！其他有沒有什麼同學來？」

「法師，我是一個人來的，同學們都想來親近老法師，但沒有入境證和川資，都沒有辦法出來。」

出了房門，性如法師對若水法師說：「老法師太慈悲了，他老人家是這樣地愛護我們僧青年！」

若水法師說：「可不是！老法師對於我們同學，比父母對子女還要好哩。」和性如法師有著相同遭遇的學僧有很多，他們在臺灣大都得到了慈航禪師的收留和幫助。

但因受到此年（一九四九）發生的「二二八事件」影響，臺灣政治形勢驟然緊張起來，對於大陸來臺人員的身分甄別更加嚴格。

臺灣佛學院的畢業典禮之後，由於時局為亂，人心惶惶。

一九四九年秋，有人向新竹員警機關報告說，本地有一位身披黃色袈裟的人帶了一批不明身分者，遂引發當局對慈航禪師等人的審查甚至囚禁，當時稱為「僧難」。據律航法師回憶說：

越數日，我偕丁委員到新竹，下火車往靈隱寺，中途遇慧三法師云：慈老法師同諸位法師，已往警察局問話。我即偕丁委員折回警察局，見慈老及道源、默如、戒德諸位法師，和七八位同學，都在會客廳，有一位科長，問各人僧名、籍貫，並校對筆跡訖，由丁委員具保回寺。大家紛紛猜疑，大師最後發言：凡事必有因素，此事決不如是簡單。一宿無話。

次日為六月十九，觀音誕辰，大眾下殿，早齋方畢，派出所來一警士，傳內地僧人一律到警察局問話，大師說：我一人負全責，我自己去就可以了，何必叫大家都去呢？警士說：上頭命令，不敢更改。於是內地僧人，除心然法師臥病外，其餘全體同到警察局，我以客僧故免逮。

是日午後，董委員正之，自臺中到靈隱寺，候大師久不回寺，遂偕往警察局打聽消息，入門後見大師及諸位法師都在會客廳，終不如何故被傳訊。等到下午九時候押送東本願寺暫住一宵，明早解往臺北。大家到東本願寺，方吃午飯。大師仍與董居士講因明學，滔滔不絕，若無其事然。

次晨由警員二人，押解到臺北，送看守所管押，法師同學共十三位，同住一小屋，臭穢不堪，大師於大家坐定後，以輕微的聲音，對大家說：我們問心無愧，諸事聽其自然，大家默念觀音聖號和大悲咒，自有感應。水落石出，患難消除。每日仙洞普真送麵條饅頭，大師食量倍增，歡笑若平時。

二次我被傳到桃園，住三日即釋放，聞大師避難基隆寶明寺，及靈泉寺，寺眾皆勸大師脫黃衣，換便服。大師嚴詞拒絕：罪豈在衣，寧死不換。

慈航禪師和十三位同學被押往臺北，在拘留所裡待了整整十八天（或云二十天），後來慈航禪師和幾位同學被交保釋放，但還是扣留了心悟法師與另外三個同學。臨走之際，慈航禪師對心悟法師說：「我將出去了，你們還留在這裡，我心裡實在不忍。我想不去在這裡和你們共患難，然而又恐沒有人在外面想辦法保釋你們。所以我又不得不和你們暫別，希望……你們忍耐些。」

當時和慈航禪師一起蒙難的還有他久別重逢的故友——道安法師。道安法師入臺後他們在圓光寺曾會過面，此次因病正好在新竹靈隱寺修養，而慈航禪師受邀來此辦佛學院，遂請其擔任講師，主講《大乘起信論》。

慈航禪師與大陸僧人的遇難，得到了臺灣眾多居士、僧人的同情與幫助。

有一位省籍的女居士，不知道她姓什名誰，大家只叫她四妹姑（實際姓張）。她為人心地善良，雖與這些和尚非親非故素不相識，但她自發做了許多的飯菜親自送拘留所供養這些和尚。為了避免左鄰右舍的人罵她，她故意撒謊說：「我請了一批工人在某處做工。」而斌宗法師在得知此事件之後，親自前往臺北善導寺找大醒法師商議，並請李子寬老居士及孫夫人等設法解救。

那時被關押的僧眾，一部分在臺北，一部分在新竹監獄。幸而新竹監獄的典獄長賴遠輝是法源寺的信眾，遂由慧岳法師特意前往囑託其特別照護慈航禪師等人，但慈航禪師在臺北，以此只見到了默如法師、慧三法師、戒德法師等人。

後經多方聯絡，終於將慈航禪師等保釋出獄。

出獄那天，斌宗法師特命慧岳法師帶著新臺幣貳佰元前往慰問，那時諸位出獄的法師都在臺北李太太家中，慈航禪師一見到慧岳法師即大聲喊道：「您來啦！您來啦！」他和慧岳法師說：「謝謝您們的好意！你們的老上人在我的患難時格外關照我，愛護我，使慈航感愧無地。」

慈航禪師這裡的感慨不是毫無根據，斌宗法師對於僧青年十分愛護，這是他與慈航禪師同具的悲心。

有一次兩位老法師見面了，慈航禪師對斌宗老法師說：「請您老（稱斌老）慈悲，替我分擔十個學僧的食宿怎樣？他們在臺灣人地生疏，舉目無親，教他們到哪裡去安身呢？實在太可憐啊！請您老慈悲慈悲！」

斌老連忙答道：「這是我們該做的分內事，對於食的方面是不成問題，就是住的問題比較大些，因為我素來不願意建大寺與叢林，現在我們的法源寺，地方太小，除了原有的住眾十餘人外，實在無法再容受這麼多人。那麼，我可先給您老分擔三四人去，事後再作道理——當極力代向各方呼籲就是。」

斌老話還未說完，慈航禪師立即站起身來，向斌老叩頭稱謝！

於是慈航禪師將悟忍法師、了中法師、本印法師三位同學交給斌老帶回法源寺安頓。

隔數日，慈航禪師又介紹一位僧青年——元澄法師來法源寺住，並給他帶來一封介紹信：「茲有學僧元澄師，久仰老法師道高望重，極欲親近坐下受教，請您老慈悲攝受。他品質都好，如有越軌，慈航擔保……」

由於斌老曾為學僧奔走各方，慈航禪師曾去信稱謝：「斌老：您老太慈悲了，不但替他們（學僧）安頓食宿，還這麼麻煩地替他們妥當辦好了許多最困難的問題，真夠使人五體投地，欽佩不已！」

這就是盡心護持僧青年的兩位慈悲老法師！

還有朱鏡宙居士，當時他收到海外潘公展先生的來信，內附致當局的一封信，要為慈航禪師等人說情。信到了之後，慈航禪師等人已經無罪釋放，他便攜信前往拜見慈航禪師，二人就此結緣。

而據明復法師的回憶，當時慈航禪師一行人之所以得以釋放，是住在臺中的大同法師與白聖法師共同商量，面求了國民黨元老陳果夫（一八九二～一九五一）的父親陳靄士老先生出面，寫信給當時手握生殺大權的陳誠，最後才給予無罪釋放。

總之，當時的佛教界動用了一切可用的關係千方百計營救慈航禪師等人，其間的辛苦是不言而喻的。

出獄之後，慈航禪師受靜修院達心、玄光二位法師之請常住於靜修院。那時各方弟子都聞風來看他，弟子們對他無辜受牢獄之苦，非常憤慨！

慈航禪師被釋放不久，風波仍未平息，他的精神還是很緊張、痛苦，且有隨時隨地再度被捕入獄的可能，因此，他的行動也就有些近乎躲躲藏藏的了。在這樣的環境之下，慈航禪師在南洋的弟子們十分掛念他的安全與健康，紛紛來函要求他返回南洋，但都被慈航禪師拒絕了。

慈航禪師拒絕的原因主要有二：一如他私下曾對律航法師所說，南洋的事業已經託付有人，他來臺灣不過是為了回到桑梓建立佛教基地做橋梁罷了，臺灣之事未成，不會輕易離開；二是如慈航禪師寫給幻生法師的信中所說：「我在臺灣一天，你們這班僧青年精神上才有所依靠，將來也才有一點希望。」他一旦離開，僧青年們勢必孤苦無依，為這些僧青年，為佛教未來著想，他可以不顧個人安危，必須繼續留在臺灣。

苦海慈航，偉哉，慈航禪師！

38 彌勒內院

僧難解除之後，慈航禪師開始新一輪的弘法事業，忙於各種的講經活動。他在臺北法華寺講過《觀世音菩薩普門品》，在十普寺講《地藏菩薩本願經》，這些活動都是定期的大眾演講。

慈航禪師總以講經非其本願，他更希望能夠有個固定場所興辦教育，透過講學培育新人。

因為無處安身，許多大陸避難而來的僧青年顛沛流離，生活陷於困頓。一心關注僧青年生活的慈航禪師對此深感痛心，寢食難安。一九四九年除夕夜，於靜修院大家圍爐吃年夜飯的時候，慈航禪師忽然停住筷子，再也不肯入食。

眾人詢問原因，慈航禪師仰起頭感歎地說：「今晚我在這裡吃得這麼豐富的菜，不知他們此時過的是什麼生活？吃的是什麼？」

原來他心裡還掛念那些大陸來臺的僧青年們。

說到這裡，他是眼淚直流。「你們發心趕快想辦法，建一所簡單的僧舍，供給大陸來的僧青年集合在一起，安心求法，即功德無量！」

眾人深受感動，隨口答應說：「好！請師父放心，別再傷心。請您安心吃飯，過了年我們一定會滿師父的願望，讓你們師生共住一堂。」

聽到這樣的許諾，慈航禪師才轉悲為喜，高興地用餐了。

由此，才有了彌勒內院的建設。

彌勒內院可以說是在慈航禪師偉大的精神感召下而成就的，據當家師說，內院的建築費除傾靜修院常住多年的積蓄及其私人所存的一些首飾賣光當光外，還要借款。

但建築內院的消息，卻給當時的青年學僧們帶來的是無盡的喜悅，就如沙漠中見綠洲，沉淪中攀到救生艇！

一九五〇年秋，彌勒內院落成了。社會各界人士，佛教四眾弟子紛紛前來祝賀，匾額對聯，琳瑯滿目。

落成典禮上，大眾禮佛道賀完畢之後，就由慈航禪師升座演講。

他動情地談到建立彌勒內院的宗旨以及定名「彌勒內院」的意義說：

這所房子，定名為彌勒內院的理由，約有以下六個意義：

（一）今日的時代是何時代？這是人人腦筋裡應該認清的問題——是人類互相殘殺的時代。……現在，我們知道瞋是這個事實的根。若要克服這個敵人，拔除這個根本，唯有慈悲，才有辦法。彌勒菩薩（稱為慈氏）在兜率陀內院宣說慈悲，度眾生於苦海；所以，這所房子定名為彌勒內院。就是要發揚彌勒菩薩大慈大悲的精神，闡述彌勒菩薩大慈大悲的教理，希望每個眾生，都來學彌勒菩薩。如是由小向大，以及由近而遠的方法，以便消弭人類互相殘殺的根源。所謂「欲治其國者，先齊其家；欲齊其家者，先修其身；欲修其身者，先正其心；心正而後身修、家齊、國治、天下平」。這是定名為彌勒內院的第一個意義。

（二）四海之內，皆兄弟也，為什麼會你爭我奪？為什麼會你不喜歡我，我不喜歡你？你不喜歡他，他又不喜歡你呢？詳細研究這個病根，是在有「我」。……所以世界上擾亂不堪，其病根就在此。要對治這個病症，還是要修彌勒菩薩的唯識觀才能收效。要知道弛一方面教化眾生，一方面自己修行，用唯識來觀察一切東西，都是心識所變的。既然是識所變的，自然就無「我」，「我」既無，也就無有「我所」了。既無「我」、無「我所」，哪裡還有什麼鬥爭呢？……這是定名為彌勒內院的第二個意義。

（三）兜率陀天的內院，是彌勒菩薩住在裡面，教化眾生無「我」、無「我所」、萬法唯識的道理。現在要把彌勒菩薩大慈大悲的精神及無我、無我所的唯識道理，由臺灣傳佈到中國大陸，由大陸傳佈到全世界，使人人都能夠信受奉行。這是定名為彌勒內院的第三個意義。

（四）在佛經上講，每一個世界，一定有個佛在那裡說法教化眾生。釋尊的教法：正法五百年，像法一千年，末法一萬年；現在是末法時期，還有八千年，那時經典也就沒有了！彌勒菩薩就來此世界龍華三會說法。可以說彌勒菩薩是候補釋迦牟尼佛之職位而傳行教化，現在要預備龍華三會，普度眾生。這是定名為彌勒內院的第四個意義。

（五）有人問我修什麼宗？我答：「人家說我修什麼宗，就是修什麼宗。」具體地說，我修的是菩提宗，因為十宗都是菩提。科學是注意系統法的，例如天文、地理等；科學又注重分析法，例如原子、電子等；唯識的教理，也是注重系統法和分析法。不過科學製造飛機、洋船等，有利也有弊；飛機、洋船乘人載貨是有利的，而打仗殺人就有弊了。唯識的教理是有科學之利，而無科學之弊；我們要以唯識學來補救科學之不足。這是定名為彌勒內院的第五個意義。

（六）每一個宗派都有他的傳承，唯識宗是由釋迦世尊傳彌勒菩薩，由彌勒菩薩傳無著菩薩，由無著菩薩傳世親菩薩，由世親菩薩傳護法菩薩，由護法菩薩傳戒賢論師，由戒賢論師傳玄奘法師，由玄奘法師傳窺基法師，由窺基法師流傳到現在太虛大師。本人三十歲以前，從度厄法師是修淨土的，後來又入禪宗，迄今就研究唯識，得益於太虛大師的地方很多。我常說：「以佛心為己心，以師志為己志。」我只希望生生世世講經說法，不問生在哪一方，盡虛空、遍法界，我都可以的。地藏菩薩發願：「地獄未空，誓不成佛，眾生度盡，方證菩提。」我的願力是：「地獄已空，我也不成佛；眾生度盡，我也不證菩提。」其實人人現在就是佛，為什麼還要另外成一個什麼佛呢？佛說：「奇哉奇哉！大地眾生皆有如來智慧德相，不過被妄想所迷，自己不認識自己而已！」所謂「識得眾生，方成佛界」。我不想生天，不想做阿羅漢，不想證辟支佛，只要講經說法；成佛不成佛，我是不問的。……本院供的佛，是釋迦世尊、彌勒菩薩、太虛大師，是表示三位一體；本人即在這彌勒內院代表三位闡揚唯識教理。這是定名為彌勒內院的第六個意義。

彌勒內院又是菩薩學處，又是太虛大師的紀念堂。今天舉行落成典禮了，這個功德要謝謝靜修院的達心和玄光兩位住持。這院是一所法師公共寮，從明天起，宣講《太虛大師全書》，學生來者不拒，去者不留，不另外招生。《太虛大師全書》有百餘種，現在已出版至十三冊，此外尚有大師《年譜》兩冊。我們在院內講唯識，在外院勸人念阿彌陀佛，這是希望大家「不可以少善根福德因緣得生彼國」。今天承蒙諸位大德居士的光臨，非常地感激，希望諸位多多指教，以期大家發菩薩心，來菩薩學處，學做菩薩。將來佛法得以宏揚世界，才不辜負這彌勒內院的成立，和彌勒菩薩升座舉行紀念的意義。

對於慈航禪師來說，建立彌勒內院除了安僧住眾外，它實際上還有另一層意義：繼承和發揚太虛大師的人間佛教精神，為佛教改革培育新的人才。故而彌勒內院建成後，慈航禪師就將彌勒內院稱為太虛大師紀念堂，而且把太虛大師的遺像供奉於彌勒像前，以此來紀念太

▲汐止彌勒內院

虛大師——也以此再次表達自己作為太虛大師弟子的心跡。

落成之後，自立法師和妙峰法師奉命前來幫忙，散在各處的同學也就接踵而來。

老人看見一批批的青年學子提著行囊，像遊子歸家、奔投慈母的懷抱一樣，他那時的喜悅是無法形容的：「啊！都來了？好！好！洗洗面……妙峰法師，告訴廚房多弄幾個人的飯。」

彌勒內院建成之後，青年學僧們總算有了一個較為安定的地方。唯慈法師抒情地描述了學僧們此刻的心情說：

逃難抵臺的出家青年，幾乎完全以內院為嚮往的中心，當內院的建築完成不久，散居在中壢、新竹、基隆等出家青年，十之七八都陸陸續續地集合到慈航法師的身邊，三十八年（一九四九）秋冬之季的苦難生涯，此時已成過去，現在自己有了安身之處，慈老的心境，就像雨後天空，陰雲散盡，一片晴朗；親近慈老的同學，此刻也像水上的漂萍，忽然靠近泥土生根了，不再四散漂流，心裡有了落實的安全感，讀書的興趣自然提高，彌勒內院前後的路邊，微斜的山坡上，旭陽初上，或夕陽西下之時，便聽到琅琅的讀書聲了。

自彌勒內院建成開始，這裡就成為慈航禪師在臺教學的中心，漸漸彙集了大量的僧青年，朝氣蓬勃，萬象更新。

彌勒內院作為當時臺灣為數不多的佛學院，可謂僧青年心目中的聖地。臺灣著名小說家陳若曦的名作、佛教小說《慧心蓮》中即提及彌勒內院。小說主人公承依出家後被師父送到汐止彌勒內院，主修英語，兼修佛教史。

有了彌勒內院，慈航禪師笑了！像彌勒菩薩那樣笑了！因為，已達到他理想中的悲願！

39 英雄有了用武之地

煮雲法師，法名實泉，江蘇如皋人，一九五〇年以一衣一缽渡海來臺，後長期駐錫鳳山佛教蓮社。他一生致力於弘揚淨土宗，勤於著述，有《金山活佛》、《皇帝與和尚》等作品問世。

當時煮雲法師初來臺，無處投靠，遂住在開山路的一位信徒家中。

有一次，慈航禪師應邀到臺灣南部各地弘法，蒞臨臺南市。這次弘法轟動一時，臺南各界十分重視，特意借參議會大禮堂隆重地召開歡迎大會。

聽到慈航禪師臺南弘法的消息，煮雲法師也欣然前往拜會。

歡迎會上，當地的大護法林耕宇居士問慈航禪師說：「請教慈航法師，當前臺灣的佛教有很多新的可喜變化，當然也存在很多的問題，那麼，在當前形勢下佛法應如何弘揚，佛教徒應如何團結呢？」

▲汐止慈航菩薩紀念堂

慈航禪師很感激林居士提起這方面的討論，他很幽默地說道：「今天承蒙各界熱烈的歡迎，實在不敢當，我也沒有什麼好的東西供養諸位，只有一盤餅乾（隨手將餅乾盤子舉起），供養諸位，希望諸位收下。我是很誠懇地把這一點禮物獻給諸位，可是你們大家不敢接受我的好意，以為我這是毒藥，恐怕吃下去有性命的危險，你叫我有什麼辦法呢？」

慈航禪師繼續說：「剛才林居士的好意，要所有的佛教徒合作團結，我覺得很好。

臺南市有二十幾萬市民，寺廟有幾

十座，這裡的佛教是很興盛的。據我所知，這次有兩位法師準備長期在臺南弘化，一位是慧峰法師，一位是煮雲法師。

慧峰法師是山東青島湛山寺來的，煮雲法師是南海普陀山來的，這兩個地方都是我們佛教的大道場。兩位法師從佛教的大叢林出來，受過叢林的薰陶，佛教方面的訓練自然是無話可說的。

尤其煮雲法師，於佛學之外，又精通文理，聽說他住在臺南幾個月，直到現在，還住在一位信徒家中。我覺得佛教徒的團結不在口頭上，而在於大家實際的行動。有了這麼優秀的弘法法師，大家應該去護持他，而絕不可不聞不問。」

慈航禪師的仗義執言，感動了在場所有有正義感的佛教徒們，一時掌聲雷動，大家情不自禁地喝彩叫好。

第二天，當地的佛教會理事長親自到開山路迎請煮雲法師，並表示歉意。

後來，煮雲法師應鳳山佛教蓮社信徒的邀請，主持該社。慈航禪師親自去信表示祝賀，他說：「恭喜你有了地方，英雄有了用武之地。」

40

你們將來都是我的化現

慈航禪師曾對青年僧人們說：「我根本就沒有身體，你們就是我的身體；我也沒有靈魂，你們就是我的靈魂，我整個精神都寄託在你們身上。……現在就像母雞孵小雞一樣，慢慢把你們孵大，佛教就有辦法了。福建的回福建，廣東的回廣東，江蘇的回江蘇……現在大家在一塊自然看不出什麼，等到將來散開各處，開了道場，影響就大了，復興佛教的力量就雄厚了。」

慈航禪師在臺灣佛教最危難的歲月搶救僧寶，愛護僧青年，為未來臺灣佛教的發展嘔心瀝血，死而後已！

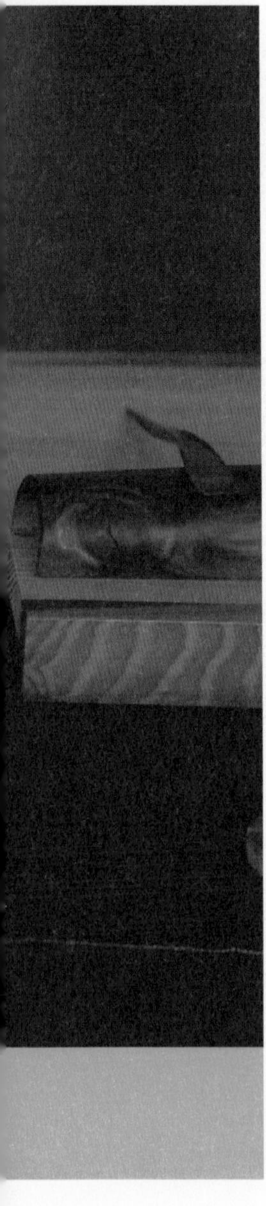

當時從大陸來臺接受過慈航禪師恩惠的僧青年甚多，後來，多成法門龍象，弘法一方，已往生的如：

律航法師，一九四八年赴臺，親近慈航禪師，後依慈航禪師正式剃度出家，法名宗淨，字律航。一九五三年應請出任臺中慈善寺住持，專修淨土。晚年在臺中，與臺中佛教蓮社導師李炳南居士等時有往還，臺中慈善寺前住持宏燦法師為律航法師徒孫。

優曇法師，早年於泰寧慶雲寺禮宗教法師剃度出家，法名釋英，號優曇，為慈航禪師徒孫。隨慈航禪師赴緬甸數載，後於香港及新加坡弘法，出任香港佛教僧伽聯合會首屆會長、新加坡佛教總會第二十二屆主席等，擔任新加坡毗盧寺第三任住持。

自立法師，一九四九年渡臺赴臺灣佛學院就讀，與二十多名同學同依慈老受教，深受慈老器重，命他管理彌勒內院一切事務，後為慈航禪師首席嗣法弟子。一九五七年，應邀與唯慈法師二人到菲律賓任教，後出任隱秀寺住持，為早期到菲律賓弘揚大乘佛教的代表性高僧，曾任世界佛教僧伽會副會長。

印海法師，一九四九年追隨慈航禪師至臺灣，先後在中壢圓光寺、汐止彌勒內院等依慈老受教，後嗣法慈航禪師為曹洞宗法脈傳人。一九七七年赴美建立洛杉磯法印寺，為繼宣化、文珠二上人之後，第三位在美國洛杉磯地區設立寺院的法師，如今已成為美國頗具影響力的大寺院。

浩霖法師，於一九四九年至臺灣依止慈航禪師，就讀於靈隱佛學院，彌勒內院落成後回到慈航禪師身邊受學。一九六九年受美東佛教會之聘，到紐約弘法。一九七二年於紐約中國城成立東禪寺，一生弘揚彌勒淨土法門。曾任世界佛教僧伽會副會長、美國佛教聯合會創始人、美國佛教聯合會永久名譽會長。

寬裕法師，於一九四九年與二十多位大陸僧青年同來臺灣，進入臺灣佛學院就讀。臺灣佛學院結束後，隨慈航禪師到新竹靈隱寺，後回到彌勒內院就讀。寬裕法師親近慈航禪師多年，為報答師恩，立志重興彌勒內院，於一九七四年膺任為汐止彌勒內院住持，使慈航禪師生前道場得以重光。

真華法師，一九四九年赴臺，後得同學浩霖法師相助，至彌勒內院親近慈航菩薩。一九五七年起，先後於十二個佛學院任教，曾出任東山佛學院、福嚴佛學院等院長，並應邀在新加坡、馬來西亞、美國、加拿大等十多個國家弘法。

尚住世的如：

了中法師，於一九四九年進入臺灣佛學院，畢業後又隨著慈航禪師到汐止彌勒內院繼續受學。後東渡日本，獲東京立正大學文學碩士學位。一九七〇年創辦臺灣法藏佛學院，並擔任院長。一九九三年創臺灣玄奘大學，並擔任董事長。

淨良法師，於一九四九年入臺灣佛學院親近慈航禪師研習佛典，後出任臺灣「中國佛教會」理事長，兩岸開放往來後經常走訪大陸，致力於建立聯絡兩岸佛教徒法誼，頗有貢獻。其臨濟宗法脈嗣法圓瑛大師在臺弘法弟子白聖禪師，曹洞宗法脈嗣法圓瑛大師在大陸弘法弟子明暘禪師，為慈航禪師法侄。現為臺灣「中國佛教會」名譽理事長。

星雲法師，一九四九年來臺，於汐止彌勒內院依慈航禪師座下受學。後來成為臺灣佛光山的開山宗長，以人間佛教為宗風，致力推動佛教教育、文化、慈善、弘法事業。先後在世界各地創建二百餘所道場，又創辦多所美術館、圖書館、出版社、書局、雲水醫院、佛教學院，及創辦美國西來大學，臺灣佛光大學、南華大學，澳洲南天大學等。

妙峰法師，一九四九年經慈航禪師在香港的徒孫優曇法師介紹，赴臺灣中壢圓光寺臺灣佛學院投奔慈航禪師，後嗣法慈航禪師為曹洞宗法脈傳人。一九六二年，妙峰法師來到美國，開中國僧人赴美弘法之先河，創辦美國中華佛教會。

淨海法師，於一九四九年入靈泉佛學院就讀，親近慈航禪師。一九六〇年赴泰國居留八年，入泰國摩訶朱拉隆功大學參研。一九六九年轉赴日本，入東京立正大學佛學研究所攻讀。後受紐約妙峰法師約請，到美國協助妙師弘化。一九七七年至休斯頓，在香港永惺長老的支持下創立佛光寺，成立德州佛教會，帶動了美國南部地區的佛教發展。

唯慈法師，於一九四九年因演培法師建議，與自立、幻生二師一同前往臺灣投奔慈航禪師，進入臺灣佛學院就讀。一九五七年，應邀與自立法師二人到菲律賓任教，後出任宿務普賢寺住持，為早期到菲律賓弘揚大乘佛教的代表性高僧，並任當地普賢學校校長，深入法海，著述頗多。

廣元法師，一九四九年赴臺，後禮律航法師出家為僧，常住汐止彌勒內院學修佛法，為慈航禪師徒孫。潛修佛法之暇，致力書法，兼擅繪事，深入佛法三昧，達禪藝之妙境，受到于右任、啟功等書法名家的讚譽。一九九一年應請在北京中國工藝美術館舉行個人書畫展，啟功為展覽剪綵，趙朴初抱病參觀了展覽，中央電視臺、新華社、人民日報等媒體報導了展覽盛況。

……

41

如何做個中國佛教僧青年

彌勒內院，被譽為「搶救僧寶的大本營」。

慈航禪師對青年僧人寄予厚望，不僅從生活上給予照顧和救助，對他們也有著嚴格的要求。

一九五四年五月一日《佛教青年》季刊創刊號上發表了慈航禪師《要怎樣做一個今後中國佛教的僧青年》一文。他以自身的經歷與感受對「要怎樣做一個今後中國佛教的僧青年」問題作出了回答，對中國僧青年提了「最低限度」的四點要求：

其一，先要立志。慈航禪師說：「做一件小事，沒有志願尚且不能成功，何況擔當佛教大事？沒有大志大願，怎樣可以呢？所以立大志願，是佛教青年第一個前提。

我平常看人，雖然重於學問和行持，還是以志願來決定此人將來對於佛教有多少影響，這是很可以預料的。或者中間不一定會變更，那不過是環境或力量之不足所致。然而他最初發的大心，已經是播下了金剛種子，將來總有一天可收穫，不過是時間上遲早的問題而已。所以立大志願，是做人的第一個條件。」

其二，以行填願。慈航禪師認為真正佛教的大師必須在修行方面有所貢獻，他說：「只拿民國以來，大家共知道的幾位善知識，如月霞、諦閑、印光、虛雲、弘一……以及我們的虛大師，這幾位老人家，決定不是單單會講講經，做做文章，就算是法師。」

在練習口頭和文字之餘，應研究或討論應如何修戒、修定、修慧的三無漏學，這才是擔當將來佛教大事業者。」

其三，自利利人。慈航禪師批評了青年僧人成長過程中容易出現的兩種偏差，他說：「在我個人旁邊觀察的青年人，偏重於兩點：一是偏重於文藝，忽略了佛學；在我冬烘先生看來，這是佛教不好的現象！什麼理由呢？不錯，在弘法方面，有時候是要借重文字來幫忙寫作弘法，然而究竟我們的責任，是釋經解論；並不希望將來要做一位小說家，或文學家。……如果像賢首、清涼、圭峰、智者、章安、玄奘、蕅益這許多古德，以及近代的太虛大師，他們這樣努力佛學，那對於佛教以及自利利人方面，成就就可觀了。」

二是偏重於學問，忽略了行持，這也是佛教不好的現象！……因為行持是道心的表現，

有了道心，腳跟才站得穩。假定把念佛、拜佛、誦經、持咒，以為是愚夫愚婦無聊的舉動，我們可以斷定此人，將來一定會和那班返俗的人一樣。」

其四，福慧雙修。慈航禪師勉勵僧青年要能夠吃苦，要有「梅花」（不經一番寒徹骨，哪得梅花撲鼻香）精神，他說：「我常常有這樣一個感想，一個人缺了慧固然是苦，如果缺了福，那是更苦。因為沒有慧，不過是慧命不增；如果沒有福，連身命都難保。這很容易知道，一個人衣食住的生活都不能解決，你還想做佛教什麼大事嗎？所以修行第一個條件，就是要四聖慧命。試看羅漢還有空缽而回，佛陀的萬德莊嚴，究竟在什麼地方差別？這就是三大阿僧祇劫，用頭目髓腦、肢節手足、國城妻子、象馬七珍換來的啊！在佛教徒注重慧，在世間人注重福，其實福慧是要雙修的。」

「怎樣修法？我平常有一句口號：僧伽模範生活。每日禮佛，念佛菩薩聖號，持咒，受持一種經每日誦念，這是每日不可少的事，這是增長福的方面說。除此之外，閱藏經，或專門研究哪一種經論的注疏。看到歡喜的，寫成短篇的散文，去投登佛教各刊，結結法緣；能夠寫作大部頭的講話，留作後人參考，那是更好，這是就增長慧的方面說。再加之事事自己多吃一點苦，多給人家一點快樂，最要緊的就是：心地要慈悲，思想要純正，志願要堅固。

這樣埋頭苦幹它二十年，一到了四五十歲的光景，福慧具足了，那時機緣一到，不鳴則已，一鳴驚人。」

可見，慈航禪師對僧青年們是嚴格要求的，以這樣的條件和環境中培養出來的僧青年，一定是法門龍象。誠如妙然法師所說：「他（筆者注：指慈航禪師）不但對僧青年搶救與收容，而且負責教育與修持，並以培養僧格為重，作為復興佛家的棟梁之材。故今天在美國、菲律賓以及在臺灣等地弘法的法師們，只要是從彌勒內院薰陶出來的人，皆有非凡的建樹與成就，慈航法師的訓導之功不可沒的。」

42

《遺教三經》

實際上，明清時期中國佛教之中就已經有類似《佛教聖經》之書，當時題為《佛祖三經》或《遺教三經》。聖嚴法師在《四十二章經講記》中認為：「日本人認為佛祖為禪宗留下最重要的經典有三部，分別為《四十二章經》、《佛遺教經》、《潙山警策》，統稱佛祖三經。」其說並不準確，「佛祖三經」（包括《四十二章經》、《佛遺教經》、《潙山警策》）應屬中國佛教早有的傳統稱法，明末佛教依然如此，明末鼓山為霖道霈禪師曾作《佛祖三經指南》，永覺元賢禪師為之作序。現今流行的則大都以《四十二章經》、《佛遺教經》、《八大人覺經》為《三經》，這種情形應與當時南亭法師、慈航禪師等《佛教聖經》的編輯與流通有關。

《佛教聖經》的編輯緣起，有通有別。通則是佛經浩繁，亟需編一佛教聖經便於學人受持讀誦，別則是南亭法師主張以《八大人覺經》、《四十二章經》為在家眾與出家眾必讀之佛教聖經，慈航禪師則早在一九四九年應星洲、檳嶼、雪市等處學佛同胞之請，已編有《佛教聖經》一書。

慈航禪師所編《佛教聖經》，其內容本以佛教常識為主，分為三個階級，由淺入深，並沒有收錄佛教正式經典。周邦道居士建議他說：

如是我聞，佛說最尊；三藏結集，綿延奕稷；一字一句，法味無窮。於閱讀佛學導論常識外，似宜讀誦固有經籍，以躋登堂奧，飲取醍醐裨益堅定其信仰，而清淨其心性。故區區之意，竊望法師與南亭法師諸老，發起宣導，約集緇素長德，更亟從佛藏中選纂類似《佛教聖經》之書，備四眾共同受持讀誦。選纂既定，每篇各以淺顯文字，揭示要旨，識別段落，簡注事實專詞，並各加標點符號，使覽者一目了然。

對於周居士的建議，慈航禪師深以為然，他說：「遴選《佛說遺教經》、《八大人覺經》、《四十二章經》為《佛教聖經》，原作則改名佛學常識，附列厥後。」

這《三經》（《佛遺教經》、《四十二章經》、《八大人覺經》）後來也作為慈航禪師在彌勒內院學僧們必誦的經本。印海法師回憶道：

歌唱完畢，大家坐下。先由數位同學輪流念誦三經——《佛遺教經》、《四十二章經》、《八大人覺經》。每次只念一部經，可由數位同學分段念完，然後上課。以上三經的念誦，是要我們不忘自己是一出家僧眾，警策自己向善向道，軌範個人身心行為。尤其發大乘心者，應長修八大人覺。老人課前要人念誦三經，有他深長用意。

現如今，《遺教三經》已然成為佛教界流通最廣的書籍之一。

43

書信論儒釋

慈航禪師曾與閻錫山書信往來，討論人生等諸多問題，後集結為《閻伯川先生與慈航法師論道書》於一九五六年出版。

閻錫山（一八八三～一九六〇），字百川、伯川，號龍池，山西五臺縣河邊村人，民國時期，閻錫山歷任山西省都督、督軍、省長、北方國民革命軍總司令、國民黨中央政治委員、軍事委員會副委員長、太原綏靖公署主任、第二戰區司令長官、山西省政府主席等職，聲名顯赫。

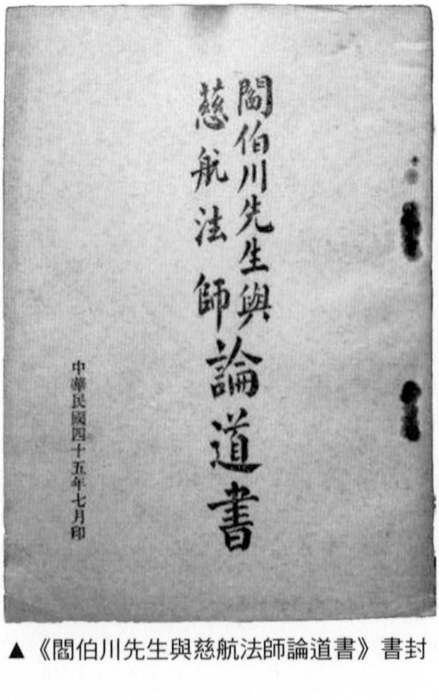

▲《閻伯川先生與慈航法師論道書》書封

一九五〇年七月，閻錫山致函尚厚庵，討論「人應當怎樣」問題。此前尚厚庵寫信指出閻錫山之思想近似於佛家，因此建議他去涉略涉略佛典，可能會有所收穫。閻錫山復函中說：「我的思想，不是近於佛，因我未學佛，佛我尚不知。我感到佛理易懂，佛書難解；我以為佛學的書，太刻入了，亦太多了，可能是名詞掩了義，說法掩了理。歲月易逝，我應當做的事，即時趕快地做，還是做不完，我何敢捨了我應做的事，再在自己心上貼金。我說佛理易懂，亦是就我自己的估量，究竟易懂不易懂，我不敢確定。」

閻錫山這封復函為慈航禪師所見，閱讀之後，慈航禪師對這篇長函詳細地作了批註。如對於閻錫山「佛理易懂，佛書難解」一語，慈航禪師說：「明者固易，不明者恐難。未研究者固難，若有研究者，難亦變成易了。」而對於「歲月易逝，我應當做的事，即時趕快地做，還是做不完，我何敢捨了我應做的事，再在自己心上貼金」一句，慈航禪師說：「利人事越快越好，不計時劫，請立大志，何必捨。貼金云者，是我公不肯研究佛學的一大病根，誰知好學問，善知識，是做驚天動地偉大事業的幫助成功者，哪裡是花瓶紙畫的裝飾品？」

慈航禪師讀後基本上是對閻錫山長函的逐句注記，後經人整理呈遞給閻錫山。二人遂開始函牘往返，商榷再三，共計有十二篇之多（其中慈航禪師致閻錫山函六封）。

二人商榷的重心在於儒、佛義理方面的差異。如閻錫山倡「一真散為萬物之說」，他說：「萬物各有各的種子，但其來歷則是一個；這一個來歷的萬有種子，合起來就是真的全體。

種子是從真來的，真是不可思議的，所以種子亦是不可思議的。這萬物之中，各具有真的一體，惟人是具有真的全體；因所具的是真的全體，故成為真的種子，所以人就是收穫真的，亦是歸還真的。」

針對此說，慈航禪師敏銳地指明它的思想根源，他說：「至於一真散為萬物之說，雖是我公之創見，實則先受了（儒、道、耶、印、西）各學說之影響，蓋：儒教謂無極生太極等，又一理而散為萬事；道教謂無為生萬物，一生二、二生三等；耶教謂上帝創造萬物等；印度教謂大梵天王創造世界等；科學家謂電子合成物質等……今公創說——宇宙萬物種子皆是從一真散化，則此一真即上帝、大梵天王、無極、電子之異名耳。」

慈航禪師接著指出這種學說的弊病說：「此等學說，既不能悟達一切法無生之理，而在生法上，又不能親見實驗出來，只得假像推測從若何之妄說，假定再問爾等最初一因從何而來？則必瞠目啞口無言！所謂迷信者亦在此，蓋只可信而不可問矣。」

最後，慈航禪師向閻錫山介紹佛教業感說、無明說、心識說等。他說：

在佛學上業感緣起說：我們人類同看見的宇宙萬有，森羅萬象，形形色色，實在是一無所有，空空如也。既是一無所有，空空如也，怎樣可以追究他的緣起呢？

那好像追問鵝毛兔角、空花水月的起源一樣的大笑話！這世界萬物都是一無所有，空空如也，有什麼事實可以證明呢？這可以拿異類的東西可以證明，人見是山，狗就不知道是山；人見是海，牛就不知道是海；人見是屋，而豬就不知道是屋；螞蟻在地上行，他也不知道是地；蒼蠅在桌上飛，他也不知道是桌上。我們人類所看見的萬物，都以為是實有的，當然有起源，然後異類的東西，看且看不見有物，還說什麼物的起源呢？反過來說螞蟻牠們所見的境界，我們人類也是看不見，也是不知道，那當然也不能再追問它的起源啊！可見造人業，見人境，造螞蟻業，見螞蟻境，造蒼蠅業，見蒼蠅境，尤以飛蛾赴火，犬逐糞，更可證明此說顛撲不破矣。

在佛學上更有一種無明的說法，無明是形容詞，不是名詞，無明就是不覺的異名，不覺悟宇宙萬有是虛假的，是空的，是無常的，是不淨的，是苦的，眾生以為「內有實我，外有實法」，是常的，是清淨的，是快樂的，所以追名逐利，為這不實的名，虛偽的利，不知道造下了許多惡業——殺盜淫妄、貪嗔癡慢，種種的業因，所以來還這個業果，假使我們依佛說的方法去修養，用無漏的智慧去觀察，去照見一切法都是虛假，內無我，外無物，既人我皆空，惡業不造，惡報自無，從此解脫，不被這世界的大牢獄所困縛，方可以稱為出世的聖人，所以先打破無明殼，為解決宇宙起源一種最好的方法。（我這是用最淺顯的說法，內容不是這樣簡單。）

心識說，有兩句最好的術語：現行熏種子，種子生現行。現行就是現在的行為，種子就是留下的一切習氣——習慣的氣分——印象，將來又從習氣現出行為來。這現行是前七識所做的事——行為，這種子是藏在阿賴耶識裡面，一遇見因緣就發現，試以二義證明：有人無理地詬罵吾人，吾人即刻就發起忿怒的行為，可見有忿怒的種子藏在裡面（阿賴耶識）啊！假使遇見一種刺激的美色，即刻就生起一種淫愛的行為，這淫愛的種子，又是藏在裡面（阿賴耶識）啊！（阿賴耶識是印度語，大陸譯為含藏識，能含藏宇宙萬有種子）。可見種子是後起的，不是由一真而變化出無窮無盡的種子。總說一句：有各個不同的現行，才薰染留下來各個不同的種子，又由各個不同的種子，生出各個不同的現行，這樣才是因與果相等，不至犯一因生多果的毛病。

慈航禪師總結說：「不研究五經四書，決不能知儒教大義，假使我公要真真明瞭宇宙人生的起源，徹底地解決，必能為人群幸福，若不研究佛經，則通身都是口，也沒有辦法解決。」

閻錫山對於慈航禪師之說表示認同，後復函中曾奉寄十四首偈子，內中有云：

言為心之聲，佛語即佛心。

欲求明佛理，應當看佛經。

這位自認為沒有時間去看佛經的大人物竟然也講出應當看佛經的話來，對此慈航禪師深感欣慰，他說：「大函三件，讀之不勝歡喜！我公非特有過人之明，即謙虛下問，亦人所不及。」

經由慈航禪師的書信開示，閻錫山對於佛教的觀感有了很大的改善。慈航禪師於一九五三年致信尚厚庵，請他將自己所作《序》並與閻錫山來往書信十二封整理稿轉交閻錫山，懇請刊印全文，以供社會參證。但閻錫山認為機緣尚未成熟，可以再斟酌，出版事宜遂延遲。

44

家鄉的佛教

「母親」在中華文化中有著多樣的涵義：母親是賜予生命的偉大女性，勤勞賢慧，質樸溫純；母親也是養育成長的山山水水，家鄉的風物人情無時無刻不令人魂牽夢繞；母親更是那多災多難的祖國，雖然時常身處異國他鄉，不斷的還是那顆熾熱的中國心！而對於出家人來說，母親也是那割捨不斷的法脈親緣，開啟他佛法慧命，責任擔肩。

一九四九年秋，因遭人陷害而在臺北身陷囹圄之災的慈航禪師在眾多護法善信、教界高僧大德的全力救助下終於得以釋放，當他走出監獄的那一刻，他毫不掩飾心中的悲痛！

他是從南洋被圓光寺妙果和尚邀請前來創辦臺灣佛學院、開展僧伽教育，而如今卻遭遇這樣的磨難！南洋的弟子們聽說他的入獄、出獄，紛紛來信要求他返回南洋，但他一概拒絕了。

他的剃度弟子律航法師曾問他為什麼這樣做，他說：「我在南洋弘法十七年，學校報社，皆託付有人。本願逕回閩北建寧，為桑梓附近三縣，傳佈佛法，將來造成一個佛教區域，為改良中國佛教的基地。此次來臺灣，不過因利乘便，作一橋梁耳。」

原來他的最後目標是回到桑梓，服務桑梓，報效故土，他是一個不達目標不甘休的人。

星雲大師也深情地回憶此事說：「老人曾寫信給我說，當面也曾和我說，他將來要帶我和自立法師到他的故鄉福建去。『我不去！』我說。『難道不可以和老頭子合作嗎？』老人問我。『不是這個意思，你老人家國內國外都跑過了，都弘過法了，我還想學習學習你老人家這樣的志

願。』『好！你就這樣去做罷。』」

山清水秀人傑地靈的福建山區，正是這位高僧魂牽夢繞的故鄉！

慈航禪師的出家除去家庭的因素外，也得益於建寧濃厚的佛教信仰氛圍。禪師在其《對於家鄉佛教原子之先聲》中深情地回憶兒時所見說：

余生齡已五十二矣！而出家亦有三十五載，世出世法，兩無所得，撫心自思，良用愧感！憶幼時侍父讀書，時在寺廟，故出家因緣，亦從此發。當時所見家鄉之佛教，年雖幼稚，尚能記憶一二。

慈航禪師兒童時代的建寧縣，佛教已經充分融入到當地人的民俗生活之中，甚至與各種民間的信仰相混雜，三教合一或者佛道不分的情形十分普遍，禪師回憶說：

每逢初一十五，家有年登五十以上之婦女家長者，次日必齋戒潔淨念佛，至正月元旦，每家必潔淨茹素一日或三日，且非常誠意，除夕之夜，必須將葷鍋葷碗葷筷，洗擦清淨，且每年城隍廟之香期，婦孺燒香者非常踴躍。觀乎此，不可謂家鄉無佛法。且城西之極樂寺及鄉間之鐵山寺殿宇莊嚴，益可概見。及神佛不分之東門之城隍廟，南門之關帝廟，西門之文昌閣，北門之天后宮，非第人民信奉，在滿清朝時初一、十五全邑滿堂官皆須行香也。

一九四七年農曆五月出版的《人間佛教》第六期刊登一則簡訊，係中國佛教會建寧縣支會發給慈航禪師的，其中提及：本會第三屆職員改選已定於五月十三日舉行，推舉理事長、常務理事等，素知慈航禪師為一代高僧，「桑梓禪門渴仰重振」，希望能夠給以指導。

針對家鄉佛教「惟宣講佛法，十餘年來，未曾一見，寺院固屬不多，只僧眾亦寥若晨星，縱有一二，設非目不識丁，即系佛裝俗化；故當地土棍，借男女混雜之名，僧尼每被敲詐。種種侮辱，實非人類所應有之事，污穢法門，層見疊出，此謂無佛法亦可」的弊病，慈航禪師立志改革，提出家鄉佛教徒之標準：「有文化則能宣傳佛教教義，有教育則能栽培弘法人才，有慈善則能引起社會人士信仰，綜此三端，作吾家鄉佛教徒之標準。」

慈航禪師宣導「佛教要鄉村化」，要到中國鄉村各地去弘法布教（《莫忘吾訓》），立願在桑梓附近三縣建設佛教弘化道場，也是為報答剃度師以及出家寺院泰寧慶雲寺的恩情。

泰寧佛教源遠流長。本地寺宇不以宏大見長，而是因勢利用，多依丹崖洞穴之自然地勢而建，故以石窟岩寺廣布、數量眾多而聞名。

慈航禪師出家之祖庭泰寧慶雲寺坐落於彌勒山峨嵋峰兜率嶺間一平展開闊地。

泰寧峨嵋峰慶雲寺新貌

峨嵋峰現為國家級自然保護區，位於泰寧的西北部，距泰寧縣城二十四公里，海拔高一千七百三十二公尺，為福建閩江之源。寺院海拔高度一千六百多公尺，後倚峨嵋峰主峰，背靠天然太師椅山體，安座於太師椅中稍隆而起宛如彌勒肚的山坡上，前瞻雙重筆架山，面臨天然放生池，氣勢恢宏，前景開闊。攀上主峰，可觀泰寧縣城及大金湖。

慶雲寺曾名峨嵋庵，始建於五代，由於水靈山聖，歷代不乏高僧出世，近現代，除慈航禪師外，還出了位優曇長老。

閩北的山水養育了慈航禪師，他對於母親和親人、對於家鄉及剃度祖庭至始至終有著無限的深情。正如周邦道居士的聯句所言：

西竺南溟，嘗水宿雲遊，且向泰寧峨峰尋舊跡；

因明唯識，能深入顯出，留將菩提心影契群機。

吾亦聯曰：

日映峨峰金光朗澈三千界；

場開彌勒法炬長綿億萬年。

45 成就臺灣首尊「肉身菩薩」

一九五九年農曆四月十二日（西曆五月十九日），臺灣汐止秀峰山。

是日清晨四時三十分，當人們還沉醉在睡夢之時，一件轟動全臺的大事即將發生了！

此時秀峰山上聚集了五十多位大德高僧和信眾，他們來到安置法師遺體的塔墓，由一位德高望重的法師主持，念誦大悲咒及觀世音菩薩聖號，然後一起打開這個塔墓。

隨著塔墓的開啟，人們取出墓中安置的大缸，細心地開缸。眼前的一幕令所有在場者都驚呆了！

缸內的法師依然盤坐著，姿勢和五年前入缸之際一模一樣。全身略帶褐色，眼球稍受腐蝕。頭上仍有半吋長的短髮，長眉毛、身上的黃袈裟、頭上的黃風帽、頸上的念珠串等法師生前著裝都沒有腐損。

就這樣，轟動全臺的臺灣佛教史上第一尊「肉身菩薩」誕生了！

談起「肉身菩薩」，在中國佛教史上最為著名的有供奉於廣東韶關南華寺的六祖慧能金身像、乳源縣雲門山文偃祖師金身像以及九華山地藏菩薩金身像。

能夠成就肉身舍利，在佛教中可以作為修行達到極高水準的確證。法國一位傳教士祿是遒（Henri Doré, 1859-1931）在《中國民間崇拜・佛教傳說》（Recherches sur les superstitions en Chine）充滿驚奇地描述六祖慧能的肉身說：「他死後，屍體據說保持新鮮，甚至還散發香氣。胸膛保持自然狀態，就像他仍然健在，皮膚光澤柔韌。」而這一切，在臺灣也現實見到了！

開缸之後的第二日（一九五九年五月二十日），臺灣、香港等地最具影響力的報刊如《中央日報》、《華僑日報》等立即以大篇幅在顯著位置報導了此事，並以持續數日的宣傳，讓慈航禪師成就「肉身菩薩」的事實在華人佛教界眾口相傳。

臺灣各地民眾爭前恐後前往觀禮，甚至有些人特地從偏遠的地方包車前來參拜。

一時秀峰山前車水馬龍，人潮擁擠。

一九五九年五月二十一日《中央日報》的一則消息描述了當時的盛況：

【汐止訊】汐止秀峰山彌勒內院的慈航法師遺體，於十九日晨開缸消息，經本

▲慈航菩薩肉身分身聖像

報昨日披露後，善男信女，昨日前往瞻仰法身者達一萬二千人以上。汐止道上車水馬龍，秀峰山上人潮擁擠。慈航的肉身，昨日已披了黃衣袈裟安置在塔內。為了保持其清靜，塔門已閉，瞻仰者可在鐵欄上觀望。

不過，鮮為人知的是，在五月十九日開缸之前，對於開缸的計畫曾經有過一些爭議和波折。

這得從慈航禪師圓寂前說起。

古往今來，有修為的高僧大德都可以預知時至，慈航禪師也不例外。

一九五二年九月十九日，慈航禪師為了完成他的幾部著作，必須摒除外事，因而開始閉關。在關中他對自己的大限將臨時有透露！在一次週末的開示中他說：「我今生的壽命只有六十歲，沒有多久了，在這短短的時間裡，我要儘量教導你們，希望你們好好用功，不要空過寶貴的光陰！」

律航法師回憶說：「一九五三年冬季，大師胃疾時發，眾勸節勞，點頭笑允，仍然奮勵講編如故。十二月間大病一次，一日召集同學列坐關房外講話，勉勵大家修持身心，研究佛法，幾至聲淚俱下，最後沉痛地說：『我將來命終時快，恐怕來不及和你們談話，所以預先談談。』同學們面面相覷，都覺老師身體，不致如此。我等到三月上旬，師父病已痊癒，面催我往豐原主持法會，孰料未到四月八日回山之期，而師父竟如預言示寂矣！嗚呼痛哉！」

正因為慈航禪師有所預知，閉關期間他爭分奪秒地勤奮寫作，而且不忘向學生授課。他關房的小窗口特意面向教室以便於照常講課。早晚之時他勤於拜佛持咒，行不倒單，勇猛精進，完全是置生死於度外，不遺餘力！

慈航禪師是於一九五四年五月六日（農曆四月初四）下午圓寂。

圓寂前半個月，他寫給皈依弟子林希岳居士（民國政要林森之侄）最後一封手翰，告訴他說：「我無開示語：一、我悟到一切皆空（本來是空）。二、我要做一切皆有（本是幻有）。三、我要做一好看的戲。四、使人人都叫好！五、眾生無所謂度不度。六、佛無所謂成不成。」

▲肉身慈航菩薩大師生前示現彌勒佛像

圓寂前一年即一九五三年十二月二十五日，他曾立下遺囑說：

一、慈航身無半文，身後一切歸靜修院住持料理，眾信徒幫助。

二、慈航一切經書衣物，全歸靜修院住持保存，學僧徒眾不得爭執。

三、在未回大陸以前，彌勒內院所有學僧照常安住，由靜修院及護法會維持。

四、請道安法師及律航法師，為彌勒內院永久導師，指導學僧一切。

五、請白聖法師代我付圓瑛老法師法派七人：自立、印海、嚴持、妙峰、常證、會性、真性為曹洞宗傳法。

六、圓寂後不發喪，不訃聞，不開追悼會。凡起龕或安葬，莫請法師封龕說法種種儀式。

七、遺骸不用棺木，不用火化，用缸跏趺盤坐於後山。三年後開缸，如散壞，則照樣不動藏於土；如全身，裝金入塔院。

八、圓寂後一切禮懺放焰口超度佛事莫做，唯念大悲咒及觀音聖號。

九、後山紀念堂如禪堂然，四圍大椿凳可趺坐，中間佛龕、遺像供存後面。

十、關房照樣，不可搬動。派人照應香燈茶水，可在內念《法華經》禮佛。

偈曰：空手而來，空手而去。來來去去，永無休歇。

從遺囑來看，慈航禪師曾要求將其肉身裝缸藏於後山，三年後開缸，那為何要到五年後才開缸呢？

一九五九年五月二十日《中華日報》的一則消息道出了其中的一些原委：

慈航法師是一九五四年農曆四月初四日圓寂。去世前一年的十二月二十五日，他自己先立下遺囑，遺囑上的第七點交代：遺骸不用棺木，不用火化，用缸，趺盤坐於後山，三年後開缸，如散壞，則照樣不動，藏於土；如全身，裝金入塔院。靜修禪院便組織了慈航法師永久紀念會，以道安法師為主任委員，關於埋葬事宜，全照辦了。時光一晃，三年過了，一九五七年農曆四月四日該是開缸的時候，可是該會以裝金和建築彌勒內院佛殿（慈航法師紀念堂）的費用無著，而耽擱了兩年。

到了一九五九年之際，慈航禪師永久紀念會已經募得一筆非常可觀的款項，故而召集全體會員開會商議是否遵照慈航禪師遺囑進行開缸。這次會議有二百餘位出家法師及居士參加，大家採取投票表決的方式作出決定，最終以一百五十二票贊成、四十餘票反對，而決定於一九五九年農曆四月十二日開缸。

不過，以上這種說法是基於教外的立場觀察。實際上，開缸時間的確定也不全是經費的事情，對於是否遵照遺囑時間開缸當時出現了很多意見，這些意見有些涉及佛教信仰與宗教感情問題，故而必須慎重。

道安法師認為開缸時機有講究，乃是取其「中道」而已：

至於慈師遺囑中有「三年後開缸，如散壞則照樣不動藏於土，如全身裝金入塔院」之說，許多慈師友好與弟子們，都熱望在今年三周年日，可以開缸，以見慈師真身。現在紀念會，徵得海內外的團體統一，決定不開缸了，最低限度，須慈師塔院與紀念堂落成，才可開缸。那時開缸，真身不壞，可有地方供奉，現在開缸，縱真身不壞，也無處供奉。紀念會得著各方反應，所以開會決議，今年不開缸；但也有些反應，根本不贊成開缸的，也不無理由；還有些教友們，主張今年四月初四日立即開缸，以驗慈師的遺容為如何？此種見解，完全站在感情上說話的，我們紀念會，採取中道，不偏於立即開缸，也不偏於永久不開缸；缸必須開，且待因緣成熟，缸不開而自然開。

開缸之後的慈航禪師肉身亟待裝金供奉，而人們對於這一位來自海峽西岸有著非凡成就的禪師的一生行履及其卷帙浩繁著述的整理、研究工作也陸續展開，永久紀念會的成立正是為光大禪師精神、踐行禪師志願、完成佛教偉大振興而來。

46

歸根泰寧慶雲寺

二〇〇七年九月十五日至十七日，歷經兩岸佛教界人士的共同努力，「肉身菩薩」慈航大師肉身分身聖像返回福建，供奉於大師剃度出家的泰寧慶雲寺祖庭。

慈航禪師的離去，猶如他的到來，來去無礙。

他的承擔，他的蒙難，他的榮耀，皆因一大因緣而產生。使命與任務完成了，他就去了；需要他的時候，他就來了。

這不禁使人想起禪宗六祖慧能大師。六祖慧能大師「葉落歸根，來時無口」的讖語也將同樣應驗於「肉身菩薩」慈航大師之身。

慧能大師為中國佛教史上劃時代的聖僧，他將印度禪學改革為中國禪宗，完成了佛教的中國化，他的著作《六祖壇經》也因此被稱為唯一非佛說的經。他與慈航禪師一樣，進入佛門時，缺少文化底子，靠自學自悟成才，著作傳世。他們都培養了大量的僧才，禪宗因為慧

慈航菩薩聖像回歸祖庭奉安開光法會

能大師傳人們的努力，而後便一花開了五葉。他們同為佛教的改革家。弘法人生中他們也有著同樣的磨難，最後都成就了肉身舍利。

慧能大師圓寂後，有一段四眾皆知的「葉落歸根」故事。

據《六祖壇經・咐囑第十》：慧能大師圓寂之前，要回家鄉新州住一段時間，弟子問他什麼時候再回接法的寺院——韶關南華寺，他答「葉落歸根，來時無口」。回到家鄉新州後，他示寂了，並成就肉身。這時，有人建議將肉身安奉家鄉新州，另有人建議安奉接法處——韶關南華寺，雙方意見相持不下。最後，便於全身舍利前焚香求解，商定煙歸何方即歸何處。但見香煙飄起，轉向韶關南華寺方向。因此，肉身便在其弟子的護送下，回到南華寺，永久供奉，悠悠千年，至今尚在。人問其弟子，何為「葉落歸根，來時無口」，弟子說：僧人以剃度出家與得法處為根，無口則指已經圓寂，口不言語了。

慧能大師曾啟示不知何往的以四品將軍身分出家為僧的惠明法師：

逢袁則止，遇蒙則居。

而慈航禪師，出獄後常住汐止，不再他去，因為「汐止」乃「息止」之諧音，而「汐」又為潮水，潮水止處，如何慈航？皆有所寓意也。

慈航禪師終於葉落歸根，回到剃度出家祖庭——泰寧慶雲寺。

在他的回歸旅程中，臺灣佛教界組成逾三百人的四眾弟子團隊，護送他的聖像回福建。福建佛教界，數萬人參與

恭迎。慈航禪師剃度出家祖庭所在地泰寧縣與出生所在地建寧縣等附近數縣，數千鄉民自發地趕到慶雲寺靜候恭迎他的回歸。

峨嵋峰慶雲寺所在彌勒山腳下的小鄉村，男女老少，傾村而出，久候路口，用最傳統也是最真情的大放鞭炮方式喜迎他的歸來。就是連綿的秋雨，也在慈航禪師回歸的當日，在慶雲寺的上空，暫停一日，蕩開它去，耀出陽光。

兩岸慈航，葉落歸根！

因為，慈航禪師肉身分身聖像的回歸，也掀起了復興泰寧慶雲寺的熱潮，慶雲寺的重建，啟動了。

空手而來，空手而去。

來來去去，永無休歇！

▶慈航祖庭慶雲寺寶殿遺址

會
中國
福建

▲ 慈航菩薩聖像回歸祖庭暨海峽兩岸和平與發展祈福大法會

後記

慈航禪師座下高足尤其學生眾多，生前曾遺囑委託白聖長老代之付圓瑛大師法脈予自立、印海、嚴持、妙峰、常證、會性、真性等七位禪師。

自立禪師，長時追隨慈航禪師，直至慈航禪師圓寂。後弘法菲律賓，住持馬尼拉隱秀寺，傳承弘揚慈航菩薩三大辦教理念，著作等身，領袖菲島。

慈航禪師生前，十分牽念福建尤其是泰寧與建寧的佛教事業，他曾有心願回福建家鄉實行小乘戒、大乘行，從鄉村做起。為完成慈航禪師心願，不慧本性，數載之前，發願重興泰寧慶雲禪寺，並迎請慈航禪師肉身聖像分身從臺灣回歸福建泰寧慶雲禪寺祖庭。

感恩諸佛菩薩加持，慈航禪師的感應，終得如願以償。二〇〇七年，禪師分身回歸祖庭，而今，原為一片荒地的慶雲禪寺也初具規模。今年初一，有數百輛小車載人前往寺院燒香朝聖，這讓我想起在重興慶雲禪寺與祖師分身回歸祖庭等殊勝事宜中，許多高僧大德、仁翁善長、法師居士等的關心支持與鼓勵，如悟明長老、了中長老、星雲長老、淨心長老、果東長老，尤其是淨良長老、寬裕長老、自立長老、真華長老、清霖長老、印海長老、浩霖長老、妙峰長老、如悟長老、廣元長老、淨海長老、唯慈長老等，以及諸多長老尼。特別是自立長老，作為慈航禪師上首法脈傳人，為使慈航禪師法脈傳承且繁榮，且於慈航禪師桑梓之地，圓滿慈航禪師心願，二〇〇九年一月三十一日，於其八十一歲壽誕之日，於馬尼拉隱秀寺，在汐止彌勒內院監院法成法師、菲律賓馬尼拉普陀寺監院光智法師、菲律賓馬尼拉隱秀寺監院法淨法師、法蓮法師及眾居士見證下方便傳法，代為傳授慈航禪師法脈予比丘本性，授予比丘本性為佛教禪門曹洞宗第四十八代法脈傳人。

當長老將代表正法眼藏、涅槃妙心的傳法信物、一串蜜蠟朝珠，用顫顫巍巍的手，親自為我掛到頸上時，大家鼓掌祝賀，我感受到了長輩的厚重期望以及作為慈航禪師法脈傳人的重大責任與使命。

諸法因緣生，在此，我也感恩法成法師與法淨法師、法蓮法師的穿針引線、熱心促成。法成法師還因此於百忙中從臺灣彌勒內院特地趕到菲律賓馬尼拉隱秀寺。我也因此，更感恩汐止彌勒內院寬裕長老的鼓勵與支持。

嗣法慈航禪師當日，自立長老還安排本人於隱秀寺作佛學講座，我以《佛教五心》為題，與大家探討慚愧心、敬畏心、感恩心、堅信心、大願心等的殊勝。我雖講得不好，但長老卻給予了讚歎。

有日，自立長老於馬尼拉香格里拉大酒店為本人設歡送宴，談到慈航禪師，老人家甚是動容，談到佛教後續無人，亦甚是感慨。老人家希望我能於福建尤其慈航禪師桑梓與剃度出家之地傳承慈航禪師法脈，弘揚其三大辦教理念，談到慈航禪師曾經有心願要回家鄉及祖庭傳戒弘法，卻終未能，老人家談著談著，突然沉默無語，一度哽咽。我想，這也是自立長老會代為慈航禪師傳法予既魯鈍又薄德的比丘本性之因緣吧。如此因緣，相信，慈航禪師定然早就有了安排，並於常寂光中歡喜此宗傳法公案，給予加持了。想當年，為續圓瑛大師法脈，慈航禪師遺囑白聖長老代之傳圓瑛大師法脈予自立長老等七人，之後，自立長老為慈航禪師代授皈依，收謝冰瑩為皈依弟子。而今，自立長老又代傳慈航禪師法脈予不慧本性，佛法因緣，真是不可思議呀！

▲自立禪師代傳慈航禪師法脈予本性禪師

▲傳法後師徒等合影留念

記得一九九六年的農曆正月十一日，傳法恩師明暘禪師的壽誕，於上海圓明講堂，在高僧大德、四眾弟子的見證下，恩師明暘禪師傳法於不慧本性，授予本性為佛教禪門臨濟宗第四十二代、曹洞宗第四十八代法脈傳人之一，亦授予朝珠等傳法之信物。其實，慈航禪師與明暘禪師為法兄弟，同嗣法於圓瑛大師。明暘禪師為不慧本性傳法恩師，慈航禪師原本為不慧本性之師伯。而今，因緣使不慧本性有幸兼得兩大禪僧傳授同一法脈，得到同時加持，兩大禪僧，今則同為吾之傳法恩師了，真是無上的光榮。祈願兩位傳法恩師——慈航禪師與明暘禪師，給不慧本性，持久之加持力，吾願：將此深心奉塵剎，是則名為報佛恩。

釋本性
二〇一八年六月

兩岸慈航：一位肉身成就者的人間傳奇 / 本性禪師著.
-- 初版. -- 高雄市：上趣創意延展有限公司, 2022.02
面；　公分
ISBN 978-986-91880-9-8（平裝）

224.51　　　111001216

兩岸慈航

一位肉身成就者的人間傳奇

作者　禪和尚 本性
總策畫　佛圖網（www.photobuddha.net）
藝術總監　宓雄
主編　上趣智業（www.summit.cc）
　周燕
美術編輯　陳育仙
發行人　李宜君
出版　上趣創意延展有限公司
地址　（80457）高雄市鼓山區中華一路316-2號6樓
電話　（07）3492256
網址　www.summit.cc
郵撥帳號　42321918上趣創意延展有限公司
總經銷　紅螞蟻圖書有限公司
地址　（114）台北市內湖區舊宗路二段121巷19號
電話　（02）2795-3656
傳真　（02）2795-4100
印刷　成陽印刷股份有限公司
出版日期　2022年2月初版一刷
定價　300元

ISBN 978-986-91880-9-8